BEIHEFTE
ZUR
ZEITSCHRIFT FÜR ROMANISCHE PHILOLOGIE
HERAUSGEGEBEN VON DR. GUSTAV GRÖBER
PROFESSOR AN DER UNIVERSITÄT STRASSBURG

4. HEFT

LES NOMS DE LIEU
DE LA
VALLÉE MOUTIER-GRANDVAL
(JURA BERNOIS)

ÉTUDE TOPONOMASTIQUE

PAR

CHARLES DE ROCHE

HALLE A. D. S.
VERLAG VON MAX NIEMEYER
1906

Die Beihefte zur Zeitschrift für Romanische Philologie erscheinen nach Bedarf in zwanglosen Heften.

Abonnementspreis M. 1,60; Einzelpreis M. 2,—.

BEIHEFTE

ZUR

ZEITSCHRIFT

FÜR

ROMANISCHE PHILOLOGIE

HERAUSGEGEBEN

VON

Dr. GUSTAV GRÖBER

PROFESSOR AN DER UNIVERSITÄT STRASSBURG I. E.

IV. HEFT.

CHARLES DE ROCHE, LES NOMS DE LIEU DE LA VALLÉE MOUTIER-GRANDVAL (JURA BERNOIS). ÉTUDE TOPONOMASTIQUE

HALLE A. D. S.
VERLAG VON MAX NIEMEYER
1906

LES NOMS DE LIEU

DE LA

VALLÉE MOUTIER-GRANDVAL

(JURA BERNOIS)

ÉTUDE TOPONOMASTIQUE

PAR

CHARLES DE ROCHE

HALLE A. D. S.
VERLAG VON MAX NIEMEYER
1906

Table des matières.

	pag.
Introduction	1—5
A. Phonétique du patois de Moutier-Grandval.	
a) Vocalisme	6—12
b) Consonnantisme	12—17
B. Toponomastique.	
a) Noms de lieu dérivés de noms d'homme. (1. Noms de familles et sobriquets. 2. Prénoms. 3. Noms de saints.)	18—22
b) Faune et Flore. (Noms dérivés de noms 1. d'animaux. 2. de plantes.)	22—27
c) Topographie. (1. le sol. 2. l'eau.)	27—33
d) Cultures et activité de l'homme. (1. Habitation et industrie. 2. Cultures: α) champs; β) forêt; γ) clôture et chemin. 3. Outils.)	34—42
e) Noms de lieu d'origine ecclésiastique	42—43
f) Noms de lieu d'origines diverses	43—44
g) Noms d'origine obscure	44—45
C. Conclusion	46—47

Ouvrages spéciaux consultés.

Adam, *Les Patois Lorrains.* Nancy 1881.
Ascoli, *Schizzi franco-provenzali.* Arch. glott. III. II.
Bridel, *Glossaire du patois de la Suisse romande.* Lausanne 1866.
Daucourt, *Dictionnaire historique des paroisses de l'ancien évêché de Bâle.* Porrentruy 1897.
Degen, *Das Patois von Crémine.* Diss. Basel 1896.
Du Cange, *Glossarium mediae et infirmae latinitatis.* Paris 1840.
— *Fontes rerum Bernensium.* Bern 1883.
Gatschet, A., *Ortsetymologische Forschungen.* I. Bd. Bern 1867.
Gauchat, *Le patois de Dompierre.* Diss. Zürich 1891.
Godefroy, *Dictionnaire de l'ancienne langue française.* Paris 1881.
Grammont, *Mémoires de la soc. linguistique de Paris.* 1900—1901. *Le Patois de Damprichard.*
Gröber, *Grundrifs der rom. Phil.* Strafsburg 1888.
Holder, A., *Altkeltischer Wortschatz.* I. II. Leipzig 1896.
Körting, *Latein.-roman. Wörterbuch.* 2. Aufl. Paderborn 1901.
Kübler, *Die suffixhaltigen romanischen Flurnamen Graubündens.* Leipzig 1894. b) *Berg- und Flurnamen der Gemeinde Chamounix.* Progr. Münnerstadt 1901.
— *Mémoires de la Soc. jurassienne d'Emulation.* 1880—1900.
Meyer-Lübke, *Grammatik der roman. Sprachen.* I (1890). II (1894). Leipzig.
— *Einführung in das Studium der roman. Sprachwissenschaft.* Heidelberg 1901.
Muret, E., *Notes sur le projet d'un dictionnaire toponomastique de la Suisse romande.* (Manuscrit.)
Puitspelu. a) *Phonétique Lyonnaise.* Lyon 1885. b) *Dictionnaire étymologique d. patois lyonnais.* 1890.
Raspieler, Ferd., *Les Paniers.* Poème patois. 1736. Publ. par X. Kohler. Porrentruy 1849.
Ritter, *Les noms de famille.* Paris 1875.
Rolland, *Flore et Faune popul. de la France.* Paris 1877—1883.
Rossat, *Noëls jurassiens.* Rev. suisse des traditions populaires, vol. III. IV.
Roussey, *Glossaire du parler de Bournois.* Paris 1894.
Schindler, *Vokalismus v. Sornetan.* Diss. Leipzig 1887.

Schöpflin, *Alsatia diplomatica.*
Schuchardt, H., *Romanische Etymologien.* Wien. I. II. 1898.
— *Schweizerisches Idiotikon.* Bd. 1—4.
Silvio Pieri, *Toponomastica delle valli del Serchio e della Lima.* Arch. glott. suppl. V.
Trouillat, *Monuments de l'histoire de l'ancien évêché d. Bâle.* Porrentruy 1852.
Thurneysen, R., *Kelto-romanisches.* Halle 1884.
Zimmerli, *Die deutsch-französische Sprachgrenze in d. Schweiz.* I. II. III. Bâle-Genève 1899.

Introduction.

Ce sont les pages suggestives de la „*Einführung*" de Meyer-Lübke sur *la toponomastique* qui m'ont fait entreprendre cette étude. J'étais donc averti des difficultés que présente ce genre de recherches. Mais l'amour des patois, une récente affection pour la dialectologie et le désir surtout de pénétrer le mystère des noms de lieu de mon pays d'origine m'ont fait oublier la témérité de l'entreprise. Qu'une certaine indocilité d'humeur ait pu me faire quitter trop facilement peut-être des sentiers battus, j'en conviens, mais aujourd'hui au terme de la course, qui dira que j'en reviens les mains vides? Puisse auprès de plus habiles l'honnêteté de l'effort racheter les jeunesses de l'exécution.

* * *

Mon champ d'étude se borne aux deux paroisses **Moutier** et **Grandval** au Jura bernois, soit les huit villages: Moutier, Roches, Perrefitte, Bélprahon, Grandval, Eschert, Crémine et Corcelles; autrement dit la vallée de la Birse depuis Court à la Verrerie de Roches avec le bassin hydrographique de ses deux affluents, la Challière et la Raus, entre la montagne de Moutier et le Moron d'une part, le Graittery et le Raimeux de l'autre. Ainsi délimité le territoire dont la configuration orographique est des plus accidentées embrasse un espace de 72 km□, étendue sur laquelle nous avons recueilli 600 noms de lieu différents, les variantes adjectives et prépositives non comprises. Ce n'est qu'un centième environ de la Suisse romande et il sera permis d'induire de là que la somme approximative des noms du „*dictionnaire toponomastique de la Suisse française*" en voie d'élaboration sera de 60 à 70000, même en comptant que la fréquence des noms de lieu à densité égale d'habitants sera moins forte dans la plaine qu'en pays de montagnes de petite ou moyenne élévation. Quelle mine précieuse pour le linguiste d'abord, pour le naturaliste, l'historien et l'ethnographe ensuite!

Les matériaux du présent travail se composent des nomenclatures officielles transcrites telles quelles des plans cadastraux des communes en question, puis des noms qui ne vivent que dans la tradition orale et de ceux enfin que nous avons tirés d'anciens manuscrits notamment d'un *„régistre de reconnaissance des propriétés du chapitre de l'église collégiale Moutier-Grandval* (1673—1683)". Pour cette dernière partie qui impliquait le relevé des anciennes graphies nous aurions souhaité une récolte moins maigre. Malheureusement l'état des archives de „l'ancien évêché de Bâle" déposées au Käfigturm à Berne ne permet pas encore de recherches systématiques; il est certain en outre qu'une bonne partie des archives de l'ancienne prévôté Moutier-Grandval a été détruite à Moutier même lors de l'occupation française en 1798.[1] Ce que nous avons trouvé enfin en fait de graphies anciennes dans les liasses poudreuses des archives communales ne remonte jamais au delà du XVI siècle, et qu'est-ce que 300 même 400 ans dans la vie d'un mot! Il ne faut du reste pas se figurer que les documents du XVIe, XVIIe et même du XVIIIe siècle reproduisent intégralement la nomenclature actuelle. Contrairement aux observations faites par Mr. Gilliéron[2] sur les noms de lieu du Val d'Anniviers, je constate que les *„lieux-dits"*[3] d'aujourd'hui n'y figurent que partiellement et que j'en rencontre d'autres dont le souvenir est complètement éteint chez les habitants du lieu. Ajoutons que les vieux se souviennent de noms qu'ignorent les jeunes, que d'autres que l'écriture n'a jamais fixés tombent visiblement en désuétude et que leur vitalité se mesure à la fréquence de leur emploi. Dès lors rien n'empêche de croire que tel nom d'usage rare ait pu disparaître avec la génération même qui l'a vu naître. L'idée trop accréditée à mon avis de la fixité des noms de lieu en général est donc susceptible de notables réserves. Ce qui est vrai d'une manière presque absolue des noms de lieux habités, ne l'est plus pour cette catégorie de noms que nous appelons les *lieux-dits*. Leur fixité est plus apparente que réelle.

Quant aux variantes graphiques dont la valeur et l'utilité se mesurent à l'ancienneté, elles ne simplifient pas toujours la question. Flottantes presque toujours, contradictoires parfois, elles compliquent le problème étymologique en multipliant les conjectures. Selon l'âge, la nature ou la provenance du document les noms de lieu se présentent tantôt affublés d'une toge latine, qui sent le couvent, plus tard en habit parisien suivant la chancellerie, et enfin plus modestement et sans fard dans les actes d'origine plus récente et plus laïque, un peu décoiffés dans le vrai costume du parler local. Toujours exposé à des déformations arbitraires dues à l'ignorance ou aux prétentions étymologiques de son scribe, le nom de lieu devient facilement la proie d'une fausse tradition. Il arrive alors

---

[1] Cf. C. Folletête, *„Les origines du Jura bernois"* Porrentruy 1888; *„La prévôté de M.-G. pendant la Révolution"* et *„Relation de la destruction de la bannière de la Prévôté de Moutier."* Dans les *„actes de la Société Jurassienne d'émulation"* 1890—91, 2. série.

[2] Rom. XXV, 1896, p. 424.

[3] Je me servirai de ce terme par opposition à *„nom de village, hameau"* etc., il traduit l'allemand *„Flurnamen"*.

que tombé en désuétude et devenu inintelligible il continue son existence sous une graphie erronée ou prenne légèrement modifié le masque de l'étymologie populaire. Mais toutes ces chances d'erreur n'enlèvent rien à la valeur intrinsèque des anciennes graphies. Chaque fois qu'on se trouve en face de mots obscurs sortis du lexique de la langue vivante, leur absence se fait péniblement sentir. Il ne reste alors qu'à faire jouer avec d'autant plus de rigueur les lois de la phonétique.

* * *

A trois reprises les patois de notre Jura ont fait le sujet d'études dialectales. En 1887 a paru la dissertation de Schindler, *Der Vokalismus von Sornetan* dont les données sont souvent inexactes, en 1891 l'étude bien connue de Zimmerli, *Die deutschfranzösische Sprachgrenze im schweiz. Jura*, et en 1896 celle de Degen, *Das Patois von Crémine*, qui, quoique consciencieuse, a le tort de ne point tenir ce que le titre semblait promettre. L'auteur ne parle que du *Vocalisme*. Après en avoir contrôlé et modifié légèrement les résultats nous y joignons aujourd'hui le *consonnantisme* et plaçons cette *phonétique* en tête du présent travail. Elle servira de base et d'instrument de contrôle à nos affirmations et hypothèses étymologiques et de point de départ peut-être à mes successeurs.

Au point de vue de la langue le Jura bernois romand appartient à la France bourguignonne. Sans transition brusque ses parlers se rattachent aux parlers de cette province dont les dernières ramifications sur sol suisse s'étendent jusqu'à la rive gauche du lac de Bienne. A qui parcourt le Jura en observant ses habitants et leur langue, des groupements s'imposent. Et à défaut des matériaux linguistiques nécessaires et de données historiques assez précises pour justifier cette subdivision je la baserai sur l'opinion que *M. Gröber* a émise dans son Grundrifs [1]:

„*Nichtverständlichkeit einer Sprache durch die andere oder ein durch Reflexion vermitteltes Verstehen sind ohne Zweifel das Merkmal einer andern Sprache, und wo immer das unmittelbare Verstehen der Sprache jemandes durch die eigene Sprache wegen abweichenden Klanges der nämlichen Wörter oder wegen verschiedenen Sinnes der Wörter aufhört, liegt gesonderte Sprache oder Mundart vor.*"

Partant de ce critère psychologique j'observe que les Jurassiens d'origine différente ne se comprennent pas immédiatement et qu'ils s'accordent dans la manière dont ils localisent eux-mêmes en régions distinctes les parlers de leur pays.[2] Avec eux l'on distinguera les 6 groupes de parlers que voici:

---

[1] Gdr. I² p. 539.
[2] A ce propos rien n'est plus instructif que la visite de la grande foire annuelle chevalline à Chindon all. „Zer Kinden" un antique *Kindunum aujourd'hui hameau. Ce jour n'est pas seulement le rendez-vous de 3000 chevaux, c'est aussi celui de cent parlers locaux divers du Jura d'abord, puis des

1⁰ les franches Montagnes.
2⁰ l'Ajoie (l'ancien Alsgau).
3⁰ la vallée de Delémont.
4⁰ l'ancienne prévôté Moutier-Grandval.
5⁰ le val de St-Imier (éteint).
6⁰ la montagne de Diesse.[1]

Ces deux derniers groupes vont on plutôt allaient anciennement rejoindre les patois neuchâtelois près de La Chaux-de-fonds dans la montagne d'une part, près de Cornaux sur la rive du lac de Bienne de l'autre. Sans aborder ici la question si controversée de l'existence fictive ou réelle de limites dialectales au sens de ligne ou au sens de zone, je me borne à constater que sur un parcours d'une dizaine de kilomètres la chaîne du Chasseral forme frontière entre *français* proprement dit et *moyen rhodanien*. L'on peut aisément en adoptant la théorie de Gröber se représenter une pareille chaîne de montagnes comme l'obstacle naturel contre lequel sont venues se heurter deux ondes circulaires émanées de deux centres de culture différents, d'un côté Neuchâtel, chef lieu du Canton, de l'autre Besançon, l'ancienne capitale et métropole ecclésiastique de la Bourgogne. Qu'un accident topographique considérable puisse jouer ce rôle n'a du reste jamais été mis en doute, mais qu'un facteur d'ordre historique relativement récent, la religion, ait pu jouer un rôle décisif dans la différenciation des traits phonétiques de deux parlers voisins, voilà qui est à priori moins évident.[2] Mais si on a pu constater entre le patois de La Ferrière et celui des Bois, deux villages voisins, situés sur un même plateau, une frappante divergence dialectale, il en faut conclure un manque de relations presque complet et prolongé, un état de choses que semble parfaitement expliquer le fait que La Ferrière est protestante, Les Bois catholique.[3]

Si cette interprétation est juste, l'on est en droit de se demander: Pourquoi le même phénomène ne se reproduit-il ailleurs dans des conditions semblables? Pourquoi, pour en revenir à

---

régions avoisinantes. J'observe qu'à l'heure où la foire bat son plein le vieux patoisant s'y meut avec aisance et sûreté. Sans se tromper, il distingue au geste et à la physionomie le Juif alsacien de l'Anabaptiste de la montagne, mais au parler l'„Ajoulot" (habitant de l'Ajoie) du „Vādais" (hab. du val de Delémont) le „Sütž" (hab. de la Prévôté, ainsi nommé à cause de l'alliance avec Berne) du „Mountaignoun" (hab. des Franches-Montagnes).

[1] Court et Tavanne dans la vallée supérieure de la Birse présentent des caractères phonétiques tellement à part qu'on peut les considérer comme des îlots linguistiques; cf. Zimmerli I p. 68 e. s. et ses tableaux.

[2] Cf. le romansch dit protestant et catholique.

[3] Si ce facteur religieux n'est pas fictif, il a dû jouer un rôle dans le développement du dialecte *vaudois*, qui lui doit peut-être sa physionomie caractérisque. L'on sait que du *provençal* au *vaudois* la transition n'est rien moins qu'insensible et le biographe de l'idiome des vallées dauphinoises de Freyssinière et Du Queiraz qui sont le siège de groupements *vaudois*, et des „*vallées vaudoises du Piémont*" fera bien de prendre la chose en sérieuse considération.

notre point de départ, le parler des huit communes protestantes de la vallée de Moutier va-t-il rejoindre celui de la vallée de Delémont sans transition brusque, en passant par une zone intermédiaire, représentée par les trois villages catholiques voisins, Elay, Rebevilier, Courrendlin? Pourquoi cette transition est-elle si sensible du côté de Souboz et Sornetan? (catholiques). Pourquoi enfin si violente vers le sud, de Moutier à Court? La question est des plus délicates, et se rattache probablement à la colonisation de nos vallées. Qu'il suffise ici de l'avoir soulevée.

* * *

Quant à la vitalité de nos patois, les révélations pénibles de Zimmerli me dispensent d'en dire plus long. Elles ne sont que trop vraies. Pour la dialectologie le val de St-Imier est déjà mort; grâce au chemin de fer toute la vallée de la Birse est mourante et dans un avenir prochain l'idiome indigène de la contrée qui nous occupe ne sera plus. Déjà le chef lieu du district, Moutier ne compte plus que quatre représentants authentiques du parler local. L'oubli et l'indifférence à l'égard d'une tradition peut-être dix fois séculaire envahissent la campagne où les jeunes se contentent d'écouter les vieux „jaser leur patois". Les ravages de l'école, du journal, du service militaire, que sais-je encore, hâtent l'agonie de ce vieux corps usé. Les apôtres du progrès parlent de „dégel", soit. Pour nous il y a de la tristesse à voir disparaître lentement un idiome porteur et reflet d'une antique culture, d'un grand passé. Rien n'est plus mélancolique que ces restes d'ancienne nationalité qui s'en vont. Avec eux le noyau même de l'ancienne prévôté Moutier-Grandval aura perdu le dernier trait de sa physionomie originale. Ce que jour après jour d'une main froide et profane la civilisation nous emporte, ce sont des reliques. Les noms seuls lui échapperont: noms de famille, noms de lieu, derniers et humbles épaves d'un grand naufrage.

A.
Phonétique du patois de Moutier-Grandval.

Transcription des sons.

a) **Voyelles**: $a = a$ français — $i = i$ français — $ę, ǫ =$ v. fermées — $ä = a$ parisien — $ȩ, ǫ =$ v. ouvertes — $ə = e$ fr. dans *le, me* etc. — $ü = u$ fr. — $u = ou$ fr. — $\sim =$ signe de nasalisation, les petites voyelles au dessus de la ligne -^{a}, -^{e}, ont la même valeur que des notes de complément en musique.

b) **Consonnes**: *t, d, l, r, m, n, f, v, c* = comme en français. *g* = explosive vélaire sonore. — *s* = fricative sourde. — *z* = fricative sonore. — *š* = sibillante sourde. — *ž* = sibillante sonore. — *χ* = spirante médio palatale sourde. — *y* = spirante médio palatale sonore. — *w* = spirante bilabio vélaire (*lois*). — *h* = *h* allemand. — $\sim$ = pour indiquer la mouillure. — - = la longueur et ˘ = la brièveté. —

Abréviations: M. pr. Moutier; R. pr. Roches, P. pr. Perrefitte, B. pr. Bélprahon, E. pr. Eschert, G. pr. Grandval, Cr. pr. Crémine, C. pr. Corcelles, Tr. pr. Trouillat, r. r. pr. registre d. reconnaissance, cité. a. c. = archives communales. — s. f. = substantif féminin. — s. m. = substantif masculin.

a)
Le Vocalisme.[1]

1. Traitement de *a* latin.

a latin tonique libre ou entravé aboutit toujours, sauf conditions spéciales, à *ä*.

levare > *yəvä*, arborem > *äbr*, pratum > *prä*, marmorem > *mäbr*, latro > *lärō*, à côté de *lärō*, lardum > *lär*, partem > *pär*.

a + *i* présente le même résultat maju > *mä*, factu > *fä*.

---
[1] Nous résumons ici sous un point de vue et dans un ordre différent avec de nouveaux exemples les résultats de l'étude citée de M. Degen (cf. Intrd.).

Conditions spéciales.

1⁰. *a* tonique libre ou entravé devant *l* persiste: malu > *mā*, ala > *āl*, altu > *hā*, saltum > *sā*.

Rem. Ce phonème est caractéristique pour les parlers des districts de Porrentruy, Delémont et Moutier, tandis que Court, Tavannes, Vauffelin, Romont, montagne de Diesse présentent *ǫ*.

Même résultat en syllabe atone calamellu > *tšalmę̄*, saltoriu > *sātu*, salicetum > *sāsi*, saltariolu > *sātrǭ*.

Rem. Les mots *täby*, *ę̄täby* sortis de tabula, *stabula, sont des formes secondaires refaites sur le français. L'on trouve encore *tāl*, *ę̄tāl*, (Develier), c'est la forme régulière que présente du reste Les Paniers. Comme ailleurs *dyäl* < diabolum est irrégulier.

2⁰. *a* tonique libre ou entravé suivi d'une nasale devient *ę̄*. ana > *lę̄n*, famem > *fę̄*, tabanu > *tävę̄*, tantum > *tę̄*, anima > *ę̄m*.

3⁰. Précédé d'une palatale il devient *īᵊ*: vindicatum, vindicata, vindicare > *vādžīᵊ*, précédé d'une palatale et suivi d'une nasale il devient *ī* canem > *tšī*.

a atone libre devient généralement *ä*. sa(m)būcu > *säyü*, farina > *färən*, il persiste devant *l*.

Suivi de *y* il devient *ä*, libre ou entravé, racemum > *räsən*, sacramentum > *särmā*, *lacticellum > *läsę̄*.

Précédé d'une palatale il devient *ə*. Cet *ə* qu'on peut qualifier de caduc persiste dans quelques cas (p. ex. volontiers in pausa), mais tend d'une manière générale à s'effacer dans le corps de la phrase. *caminum > *tšmī*, *canicula > *tšənęy*, canilem > *tšni*, gallina > *džərę̄n*, *scalitta > *ętšlat*, *canabaria > *tšənvīᵊr*.

Le suffixe -ariu, -aria.

pänīᵊ (panier), *sātīᵊ* (sentier), *pəllīᵊ* (pelletier), *nušīᵊ* (noyer), *fmīᵊ* (fumier), *borlīᵊ* (sellier), *pərmīᵊ* (premier), *dvętrīᵊ* (tablier). *tšādıᵊr* (chaudière), *prīᵊr* (pierrière), *grāvīᵊr* (gravière), *tilīᵊr* (tuilière), *vwārīᵊr* (verrière), *pomīᵊr* (pommier) s. fem.

Inutile de multiplier les exemples. Il semble établi que -ariu -aria aient abouti respectivement à *īᵊ* -*iᵊr*. A cette abondance d'exemples nous n'avons qu'un seul de la langue vivante à opposer qui présente un autre développement, c'est *tšärę̄r* (charrière), qui ne peut remonter qu'à carraria. Degen cite le mot, mais sa remarque: „scheint eine neuere Bildung zu sein" est gratuite. Après lecture des pénétrantes remarques de A. Horning sur l'histoire de -ariu sur territoire lorrain-bourguignon c'est le contraire qui nous semble vrai.[1]

---

[1] *Ztschr. XIV*, p. 386 c. s.

Les bonnes formes indigènes sont ḙ, ḙr (resp. ei̯r, ei̯re; er, ere des anciens documents bourguignons) dont la présence est attestée pour la Bourgogne dans les textes du moyen âge à côté de -ier, -iere, (Goerlich, Der Burgundische Dialekt, Franz. Stud. V) suffixe francien, qui a fini par supplanter complètement le nôtre. Si les traces de cet état ont disparu de la langue vivante d'aujourd'hui, nous en voyons encore comme la pétrification dans les noms de lieu que voici: a) ā vəvḙ (Roches) all. „im Weih" (de Weiher = vivier), qui doit donc remonter à viv(i)arium. b) lovḙr G. lat. luparia tšḙ tšärvḙ (ancienne graphie, champ Chevré M.) campum caprarium, aujourd'hui chevrier = tšävrī°.

-ata aboutit dans notre patois à ā: pipata > pipā, *lucubrata > lōvrā, rosata > rozā, vannata > vanā etc. j'estime que les formes verbales en ä sont récentes et dues à l'analogie (masculin). tšātā < cantatu et cantata, car les Paniers ont toujours ā. Cf. v. 129: enne aiffrontan, 257—258: ... deran trēzallan, De mairtchaindie parçan, usan, engaivotan, 298: carran (carrée), 626: poudran (poudrée).

Traitement de ī et ū latins.

Sans condition spéciale ī et ū toniques libres aboutissent comme en français à i et ü: vestitu > vēti̯, maturu > mäyü, *carrilem > tšäri̯, culu > tχü, nidu > ni̯χ, nudu > nü, aprilem > ävri, *habutu > äyü.

Devant consonnes nasales ī et ū libre ou entravé se nasalisent et deviennent ĩ et ũ. Ce phénomène constitue un trait spécifique des parlers bourguignons-lorrain: ainsi pinu > pĩ, brunu > brũ, limen > yĩm, pluma > pyũm, *liniu > lĩdž, luna > yũn, venimen > vnĩ, *skuma > ḙtšũm.

Le suffixe -ina présente un développement spécial, il a donné -ə̃n: farina > färə̃n, gallina > džärə̃n.

Comme en français l'a final latin a produit un allongement de la finale romande: urtica > ortī°, via > vī°, unita > ünī°, vita > vī°.

ī et ū atones.

Les atones libres qui se trouvent en hiatus après la chute d'une consonne (t, d, c) perdent leur valeur vocalique et deviennent respectivement i̯ et ü̯: fidare > fi̯ā, sudare > sü̯ā, *nidata > ni̯ā, mutare > mü̯ā, dans toute autre position elles s'affaiblissent en ə caduc: *scumatoria > ḙtšmur, junicem > džnis, primariu > prmī°, filare > flā, *fumaria > fmīr, *scuriolu > ḙtšrö, *muricarium > mərdži, limacea > yəmäs, villaticu > vlädž, juniperu > džnīvr.

Remarque. Les mots que n'atteint point cette loi, c.-à-d. qui présentent i ou ü en syllabe atone subissent ou des analogies morphologiques, ou une influence sémantique.

Ainsi les formes verbales: *virī³*, *lirī³*, *mirä*, *briži³*, *džūrī³* s'expliquent par influence du présent qui porte l'accent sur le radical.

La confusion que l'on peut constater dans quelques cas isolés de *ü* et *ī* peut expliquer le traitement de l'article indéfini. Ainsi *über* devient *yīvr* (*l'*, article > *y*), unum > *ī* et una > *än*.

La diphtongue *au*.

au latin tonique (ou atone) libre ou entravé a toujours abouti à *ǭ*: caulem > *tsǭ*, germ. laubja > *lǭdž*, paucum > *pǭ*, raucum > *rǭc*, clausum > *χǭ*, auca > *ǭy*, d'origine secondaire dans fabrica > *fǭᵃdž* [et peut-être dans fagu > *fǭ*, *navu > *nǭ*]¹ atone dans taurellum > *tǭrę̄*, avicellu > *v̌žę̄*, augustum > *ǭ*.

Traitement de *ǫ* et *o*.

L'aboutissement de *ǫ* et *o* en condition normale peut être formulé ainsi: 1. *ǫ* $\begin{cases} \ddot{o} \\ \ddot{u} \end{cases}$. 2. *o* > *ü*.

Le problème que présente le double développement de *ǫ*: novum > *nü*, novem > *nü³f*, bovem > *bü³*, *tropat > *trǫv*, est des plus déroutant, son explication reste à trouver.

Les formes en *ü̇* prédominent.

1⁰. *ǫ*: *crosum > *crǭ*, foris > *föᵃ*, cordem > *tχöᵃ*, molere > *mödr*.

2⁰. *o*: duo > *dü*, nodu > *nüc*, *mora > *mür*, prode > *prü* les suffixes -osu, -osa, -oríu, -oria, -orem, -atorem, aboutissent régulièrent à: -*ü*, -*üz*, -*ü*, -*ür*, -*ü*, -*ü*. džāzu, džazuz (jaseuse). *miratoriu > *mirü*, caccatoria > *tšyür*, pavorem > *pävü*, piscatorem > *pätšü*.

ǫ libre suivi d'une palatale aboutit à *ǖ³*. La palatale intervocalique a dû tomber sans laisser de trace dans des mots tels que: focum, jocum, locum, d'où l'on peut postuler une série parallèle à celle que présente p. ex. le développement de soccum: soccum > *soy* > *söy* > *sö*, locum > *loy* > *yöy* > *yö* puis *yü³*.

Devant nasales *ǫ* et *o* se confondent et aboutissent à *õ*; lorsque par suite d'un *a* latin la nasale est prononcée, il se produit une dénasalisation incomplète en *ã*. *ǫ*: bonu > *bõ*, bona > *bãn*. *o*: nomen > *nõ*, corona > *corãn*.

Ce phénomène s'étend aux syllabes atones, c.-à-d. que nous avons *õ* en syllabe fermée, *ã* en syllabe ouverte: fontana > *fõtän*, tonitru > *tãnär*, computare > *cõtä*, honestu > *ãnęt*.

Rem. La qualité vocalique de *õ* n'est pas constante, elle varie de *ǭ* à *ū*. Cet *ū* est particulier aux parlers des Franches-Montagnes dont les habitants portent le nom de „*mūlänū*".

---

¹ calculu > *caglagu > *tšäyǭ* (caillou).

ǫ et ǫ entravés.

Sauf condition spéciale ǫ et ǫ ont abonti à o (qui sonne ǫ suivi de consonne, ǫ comme finale) colpum > cǫ, follem > fǫ, mottum > mǫ, grossa > grǫs, *rossa > rǫs, gutta > gǫt.
$\left.\begin{array}{l}ǫ + rc \\ ǫ + rc\end{array}\right\} > ǫ^a$ porcum > pǫ^a, hordea > ǫ^ardž, mortem > mǫ^a, furca > fǫ^artš, curtem > cǫ^a.

ǫ et ǫ devant nasales entravées deviennent õ: montem > mõ, pontem > põ, plumbu > pyõ, rumpere > rõtr.[1]

ǫ + y et ǫ + y ont abouti respectivement à ö et ü (voyez ǫ et ǫ libres). volio > vö, doliu > dö, octo > öt, noctem > nö, puteu > püš, *rubiu > rüdž, nucem > nüš, crucem > crü, même résultat après palatales coxa > tχöš, cocta > tχöt, jugu > džü.

Rem. Devant s les deux o s'allongent: monisterium > mǭtiə, hospitalem > ǭtä, postellum > pǭtę, nos > nǭ, vos > vǭ, costa > cǭt, grossu > grǭ. Devant l, ǫ devient u: pullu > pu, betulla > byül, culcitra > cutr, cultellu > cutę̌.

Atones.

La même règle que nous avons vue plus haut pr. ĭ et ŭ atones, exige qu'en dehors de toute condition spéciale ǫ et ǫ atones s'amuïssent en ə caduc. formicum > fromicum > frmi, mulinum > məlĭ, dormire > drəmi, coprire > crəvi, fromaticu > frmädž.

Une forte proportion échappe à cette loi grâce à l'influence analogique. covä retenu par cǭv, fǭrtšat retenu par fǫ^artš, corbä (serpe) retenu par cǫ^arb mais crtšä (crochet) malgré crǫ.

Traitement de ę et ę̌.

Toniques libres.

Sans condition spéciale nous voyons aboutir ę à īə (= īa devant r). febrem > fīəvr, fera > fīär, deretro > dərīə, leporem > yīəvr, mele > mīə, petra > pīär, même résultat après palatale: caelum > sīə. Devant n, ę devient ī: tenet > tī, bene > bī, *renu > rī, venit > vī, tandis que ę̌ aboutit normalement à wä. Je considère les mots qui ont ä surtout après r comme des réductions postérieures. bibit > bwä, te > twä, mensem > mwä, nivem > nwä, {pilu / picem / pe(n)sum} > pwä, mais credit > crä, parete > päwä; dans χäl < flebilem l'on a assimilation de w à la spirante. Devant nasale ę̌ donne wę̃.

---

[1] Cet infinitif irrégulier en tr se rattache sans doute à une ancienne forme rõt 3e pers. du sing. du présent.

Le ρ me paraît être ici encore une réduction postérieure relativement récente: insimul > $ăsw\rho̧by$, pena > $pw\rho̧n$, vena > $w\rho̧n$, (tenere > $tw\rho̧dr$), fenu > $fw\rho̧$, plenu > $py\rho̧$, simulat > $s\rho̧by$, après palatale ρ aboutit par triphtongaison à i: pagensem > $pắyi$, recepit > ρrsi, cera > sir (i sous l'influence de a). Le résultat de $\rho + \rho$ sorti de l'a final latin est $ă$ dans les mots seta > $să$, moneta > $mónă$ (cf. -ata qui donne le même résultat).

Atones.

S'il est difficile d'établir une loi pour les atones, l'on constate cependant que:

1⁰. devant y provenant de c intervocalique les deux ne se distinguent plus et aboutissent à $wä$: secatorem > $swäyu$, *siculittu > $swäva$, renecare > $rnwäyi$, *campicare > $ts\rho̧pwäyi$, precare > $prwäyi$, *digitellu > $dwäy\rho̧$.

Remarque. Devant l, l'ρ est devenu a le caractère labial de l entraîne la voyelle palatale dans sa voie, comme il empêche l'a de se changer en $ä$: $dzală$ < gelare, $\rho̧dzalür$ < *ingelatura.

ρ et ρ entravés.

En position normale ρ et ρ aboutissent respectivement à $ä$ et $ă$: tepidu > $täv$, septem > $sät$; debita > $dăt$, vidua > $văv$, littera > $lătr$. Il faut mentionner ici le suffixe diminutif -ittu, -itta devenu -$ă$, -$ăt$. cupittum > $cop̆ă$ (mesure de graine), $tsănatte$ germ. Kanne + itta.

Ce suffixe semble de bonne heure avoir perdu sa fonction diminutive au masculin. Entrant dans la formation de nombreux appellatifs, noms d'homme, prénoms surtout („Kosenamen"), noms de lieu, et substantifs verbaux, sa fréquence extraordinaire a amené un certain nivellement du lexique; p. ex. noms de famille: Mairat: Mérillat, Jabat, Gobat etc., prénoms: Oriat (all. Ulrich, Huldrich), Jehannat, Odenat, Piᵃrat, Vuillenat, Gorionat, Valternat etc., Ännatte, Märiatte, Simonatte, Paratte, Aliatte, Sebillatte, Viatte etc., substantifs déverbaux: $rigă$ (maltraiteur), $motă$ (mouillat), $mözyă$ (le moisi), $tornă$ (tourniquet) etc.

Dans quelques conditions spéciales ρ et ρ aboutissent respectivement aux résultats suivants:

1⁰. Devant s, $\rho > \rho̧$, $\rho > a$: bestia > $b\rho̧t$, estis > $\rho̧t$, essere > $\rho̧tr$, wespa > $w\rho̧pr$; misculare > $mayă$, *piscat > $păts$, *crista > $crăt$, *friscu > $fră$.

2⁰. Le suffixe -ellu, -ella donne -$\rho̧$, -$äl$[1]: pellum > $p\rho̧$, capellu > $tsäp\rho̧$, flagellum > $χäy\rho̧$, vitellum > $v\rho̧$, prunella > $prnäi$, bella > $bäl$, *feminella > $fmäl$, *dominicella > $dözäl$.

3⁰. Devant n les deux ρ se confondent et donnent $ă$: rem > $ră$, vendere > $vădr$, centum > $să$, femina > $făn$, subinde > $svă$, intra > $ătr$, et a, lorsque n est finale. Appartiennent à cette

---

[1] Degen et Zimmerli notent -ellu > $\rho̧$. C'est une erreur, ou mon oreille est malfaite.

classe les mots en $ę + cl$ (devenu gl, ly, $ł$, y): *insoliculare > ásoręyi³ (de sorę̄y), *butticula > bołę̄y, articulum > ärtę̄y, (*nucicula) > nöžę̄y (noisette).

4⁰. $ę$ et $ẹ$ devant r donne $ęᵃ$ et $ä$ ($wä$ après v): nervum > nę̄ᵃ, pertica > pę̄ᵃrłš, hibernum > övę̄ᵃ, viridem > vwär, virga > vwärdž, firmum > färm.

Rem. En face de circulum > szarχ, à coté de $ä < ę + r$ il est difficile de se prononcer sur l'évolution du son.

5⁰. Devant y nous avons de part et d'autre deux résultats différents. a) $ę$ s'est fermé en se combinant à lui b) $ę + y > ī³$ puis l'$ę$ a donné $α$) la diphtongue $wä$, puis $β$) $ī³$, $ī³r$ dans le suffixe -eriu -eria. a) lectum > yę̄, veclum > vę̄y, medium > mę̄, peius > pę̄. $α$) tēctum > twä, rigida > rwäd, *quietia te > cwäš-tə, pīcem > pwä. b) ceresia > slī³ž, *pettia > pī³s. $β$) ministeriu > mę̄ti³, (maneria > mäni³r).

b)
Consonnantisme.
Consonnes simples.

1. Initiales ou appuyées.

Elles restent généralement intactes.

$α$) Explosives (p, b): pinum > pī, bassum > bä, carbonem > tšärbō, campicare > tšäpwäyī.

$β$) Labio-dentales (v et f) (w germanique): vinum > vī, faba > fäv, advallem > ävā, infernum > afę̄³. w germanique persiste comme w, weidimen > wäyī, wacht-are > wäti³; les mots qui présentent g sont d'un indigénat douteux.

Rem. Changement de v en b dans curvum et ses dérivés: cōᵃrb, corbä et corbä s. m. < *curvittu (fr. serpette).

$γ$) Dentales (t, d): tela > twäl, deum > dǖ³, testa > tę̄t, calda > tšäd.

$δ$) Spirante s. Elle présente un double traitement a) elle persiste, b) devient $χ$.

a) salem > sä, siccatu > satšī³, *sapo > sä, septem > sät, saccu > sä, soccum > sǫ, sine > sę̄. b) sex > χę̄, sequere > χǭdr, *sabulone > χälyō, (chotte) = χǫt s. f. dér. de χǫtä < substare, securum > χür, surda > χǫrd.

Cette infection palatale a dû atteindre d'abord les mots où s était suivi de y, p. ex. sex > siei > sχęy > χę̄, puis se propager par analogie à d'autres sans y. Le même phénomène se produit pour la liquide l.

$ε$) Liquides (l, r). Tandisque r persiste toujours rem > rä, turrem > tǭr, l devient y sauf devant a: lectum > yę̄, leporem

> *yī²vr*, lima > *yīm*, luna > *yũn*, locu > *yü²*, *luta > *yü²* (purin); lacticellu > *läsẹ̄*, lacrima > *lärm*.

Remarque. C'est du reste un phénomène analogue à la réduction bien connue de *l* mouillé, entre voyelles ou final, pour le français, meilleur, vieille (*mẹ̄yeur*, *vẹ̄y*). L'on dit couramment: *mouyer*, *cuyère*, *souyer*, *miyeu* etc. non seulement en Suisse romande, mais au sud et au nord de la France. Qu'on considère maintenant les cas cités sous ε) plus haut, au point de vue de la phonétique syntaxique, où il n'y a à proprement parler plus de syllabe initiale et l'on verra que la jotisation de *l* devait se produire d'abord et toujours après voyelles (*ä vä ā yẹ̄*, il va au lit p. ex.).[1]

ζ) Nasales (*m*, *n*). Elles persistent: malum > *mā*, natalem > *nā*, *furmicu > *frmi*, fraxinu > *frän*.

η) Palatales α. vélaires (*c*, *q*, *g*), (*qu*); *c* et *g*.

1⁰. Devant *o* et *u* ces consonnes ont donné a) *c*, b) *tχ*, c) *g* persiste. a) *coda > *cū²*, cubitu > *cūtr*, corpu > *cǭᵃ*, corona > *corān*, cosere > *cūdr*, cubare > *covä*, coltellu > *cutẹ̄*, *colatoriu > *culu*, collocare > *cutži²*. b) *cordem > *tχö²*, corium > *tχü²*, culu > *tχū*, coctu > *tχö*, cogitare > *tχüdi²*, cocleariu > *tχöyī*, consobrinu > *tχūzī*, cortilem > *tχörli*. c) gurga > *goᵘrdž* et *regordži²* (verbe), gutta > *gǭt*, gulata > *golä*.

Rem. L'infection de *c* devenu *tχ* est parallèle et analogue à celle de *s* > *χ*, dont nous avons parlé plus haut (cf. *s* initial).

2⁰. Devant *e* et *i*, *c* devient *s*: cinerem > *sẹ̄dr*, pull(i)cinu > *pusī*; devant *a*, *c* > *tš* comme en v. français: campum > *tšẹ̄*, casis > *tšī²*, piscare > *palšī²*, *minus-cadens > *metšẹ̄*. Devant *e*, (*i*) et *a*, *g* devient *dž* comme en v. français: gallina > *džərən*, gelare > *džalä*, larga > *lärdž*.

-qu latin devient *c*, devant toute voyelle orale, mais *tχ* devant voyelle nasale: quartum > *cār*, qualis > (le) *ca*, *quadronem > *cärō*, *exquadrare > *ecärä*, *cinquante > *stχāt*, quando > *tχẹ̄*, *quatt(u)or > *tχätr*. *j* latin devient *dž* comme en v. franç. jugu > *džū*, jocum > *džū²*. *k* germanique est devenu *tχ* dans canna > *tχän*, skina > *ẹ̄tχən*.

Remarque. Comme pour toutes les langues romanes nous pouvons signaler aussi pour notre patois quelques cas isolés de changement d'initiale sourde en initiale sonore. conflare > *gōχä*, crassu > *grä*.

2. Intervocaliques.

α) Labiales. *p* et *b* intervocaliques deviennent *v*, *v* persiste: sapere > *sävwä*, habere > *ävwä̃*, lavare > *lavä*, pipere > *pwävr*, caballu > *tšvā*, avena > *ävwẹ̄n*.

---

[1] Des exemples de *l* initial > *y* ont été signalés par Mistral, Chabanneau, Puitspelu, Guerlin de Guer (Normandie).

β) Dentales. *t* et *d* disparaissent: rota > *rū³*, nidata > *nyä̆*, *luta > *yǖ³* (purin), *tutare > *tụ̈ä*, lutare > *yüä*, maturu > *mäv̄ü*.[1]

γ) Spirante *s* devient *z*: rosata > *rozǟ*, causa > *tšǭz*.

δ) Liquides *r* et *l* persistent: plorare > *pürä̆*, hora > *ūr*, filare > *flä̆*, mola > *möl*.

ε) Nasales *m* et *n* persistent: lana > *lę̄n*, amatu > *ämä*.

ζ) Palatales et vélaires.

1⁰. Médiopalatales. Devant *e* et *i* le *c* intervocalique devient ou *z* ou *ž*: vicina > *vę̄zən*, *racemum > *räzən*, *cucina > *tχözən*, avicellu > *ōžę̄*, placere > *pyäži*, *nucicula > *nöžę̄y*. *g* devient *y*: pagensem > *päyi*, flagellum > *χäyę̄*.

Rem. La finale *z* sortie de *c* dans des mots comme: crucem > *crū*, picem > *pwä̆*, vicem > *fwä* s'est effacée, sa conservation dans decem > *di³š* s'explique par les combinaisons fréquentes du mot avec d'autres commençant par une voyelle. La finale *š* pour *ž* n'existe que in pausa, l'on dit *di³ž öl* < decem octo.

2⁰. *c* et *g* postpalatales. Devant *a*, *c* intervocalique devient *y* en passant par *g*. Dans cacat > *tši³*, urtica > *ortī³*, spica > *ępī* etc. *y* s'est effacé ou assimilé; mais il paraît à l'intérieur du mot: plicare > *pyäyī³*, *campicare > *tšępwäyī³*, precare > *präyī³*, secare > *swäyī³*. *g* ne diffère pas, c.-à-d. devient *y* qui s'assimile, s'il y a lieu, mais persiste à l'intérieur: *exmagare > *ęmäyī³*, rigare > *ręyä*, pagare > *päyä*, ligamen > *yī*.

3⁰. *c* et *g* vélaires. Devant *u* et *o*, *c* ou *g* intervocaliques tombent: securu > *χūr*, agustu > *ǫ*, necunu > *nyū̆*.

Rem. *c* s'est maintenu (comme en français) à l'état de *dχ* entre *ā* et *u*: acucula > *ädχöy*, acutu > *ädχü*. *qu* est devenu *v* dans aqua > *āv*.

3. Finales.

Toute consonne primitivement finale ou devenue finale a disparu: soccum > *sǫ̆*, amicu > *ämi*, sitem > *swä*, lupum > *lü̆*, noctem > *nǫ̆*, canem > *tši*, magis > *mä*, salem > *sā*, rem > *rǟ*, coriu > *tχü³* etc.

Groupes de consonnes.

1. Consonnes géminées.

Elles subissent le même traitement que les consonnes appuyées: gutta > *gǫt*, vacca > *vätž*, collocare > *culšī³*, flamma > *χǟm*,

---

[1] N'ayant pas trouvé d'autres ex. à l'appui de l'idée émise par M. Horning Zschr. XIV, p. 385 que *y* est la trace d'un *t* ou *d* disparu dans *pǫ säyä* (porcu setatum) *twayę̄* (taeda-ellum) j'hésite à me prononcer. Pour éviter l'hiatus ou s'attend à *v* comme dans *lä vu* (là où); cathedra > *tšäyī³r* rapprochée des exemples cités me fait croire qu'il y a production de *y*, lorsque par chute de la dentale, *a* en syllabe initiale se rencontre avec une voyelle autre que *a*.

*sappinu > *säpĭ*, passer > *päsä*, terra > *tẹ̄ᵈ*, bella > *bäl*, moccatoriu > *motšur* germ. kanna > *tχän*. Devenues finales par la chute d'une voyelle autre que *a* elles tombent comme les consonnes simples sans laisser de traces: bellum > *bẹ̄*, siccu > *sä*, caballum > *tšvä*, ferru > *fẹ̄ᵈ*, grossu > *grọ̃*, cattu > *tšä*.

2. Groupes de consonnes différentes.

α) Palatales ou labiales + *l*, soit: *cl, gl; fl, pl, bl.*

1⁰. *cl* initial devient χ: clara > *χär*, clavem > *χä*, clavu > *χọ̃*, clausum > *χọ̃*, *clocca > *χöls*. *cl* à l'intérieur appuyé devient également χ en passant par *gl*: inclumine > *äχən*, circulu > *sχarχ*, rasculare > *räχiᵊ* (*räχä* all. rechen). *cl* intervocalique devient *y*: *vecla > *vẹ̄y*, *boticula > *botẹ̄y*, cunucula > *tχənọy*, soliculu > *sorẹ̄y*, ranuncula > *ᵊrnọy*, de même (*qu* + *l*). *qu* + *l* intervocalique devient *y*, aquila > *äy*.

2⁰. *gl* initial, appuyé ou intervocalique devient *y*: glacea > *väs*, glandem > *yä*, angulum > *ẹ̄y*, ungula > *öy*, *strigula > *ẹ̄trẹ̄y*, cingula > *sẹ̄y*.

3⁰. *fl* initial, appuyé ou intervocalique devient χ: flagellum > *χäyẹ̄*, florem > *χör*, flebilem > *χäl*, inflatu > *äχä*, subflare > *χoχä*.

4⁰. *pl* et *bl* initiales ou intervocaliques deviennent respectivement *py* et *by*: planum > *pyẹ̄*, pluvia > *pyödž*, platea > *pyäs*, plumbu > *pyọ̃*, plicare > *pyäyīᵊ*, (duplu > *doby*).

Rem. Cet *y* disparaît devant *i* et *ü*: plus > *pü*, reimplere > *rẹ̄pĭ*, plorosu > *püᵊrü*, n. d. l. *rotš püᵊrūz*[1] (roches pleureuses). *bl* celt. blâvos > *byäv*, germ. blank(u) > *byẹ̄*, blesser > *byäsīᵊ*.

β) *r* + consonne.

1⁰. *r* + palatale, devant *a*, *r* + *c* > *rtš*: furca > *fortš*, *r* + *g* > *rdž*: virga > *vwärdž*.

2⁰. *r* + dentale (*-rt*, *-rd*) reste intact: articulu > *ärtẹ̄y*, *martellu > *märtẹ̄*, sordellu > *sordẹ̄*, cordellu > *cordẹ̄*.

3⁰. *rl* et *rn* persistent: *orulare > *orlä*, diurnata > *džornä*.

4⁰. *r* + labiale reste intact: formaticum > *frmädž*, arma > *ärm*, herba > *ẹ̄ärb*, terra > *tẹ̄är*.

Rem. Dans ces groupes encore partout où *r* n'est pas précédé de consonnes ou de *ä*, il tend à s'amuir en dégageant un ᵃ qui devient final dans des mots comme: mortem > *mọ̃ᵃ*, horridu > *ọ̃ᵃ*, porcu > *pọ̃ᵃ*, fortem > *fọ̃ᵃ*, tortum > *tọ̃ᵃ*.

γ) Consonne + *r*.

5⁰. Reste intact à l'initiale: granarium > *grnīᵊ*, pratu > *prä*, credo > *crä*, tropat > *tröv*, directu > *drwä*, brachiata > *bräsīᵊ*; intervocalique le groupe c + r maintient son *r* intact,

---

[1] Nom de lieu (Moutier).

tandisque l'explosive est traitée, comme si elle était intervocalique, aprilem > *ävrĭ*, lacrima > *lärm*, labra > *lävr*, quadratu > *carä*, matrem > *mär*, sacramentu > *särmä*; à l'intérieur les groupes -mr > (m)br comme en fr. camera > *tšębr*, numeru > *nŏbr*, -nr > ndr après l'accent et rr avant l'accent: tenerem > *twędr*, ponere > *pŏdr*, min(o)r > *mwędr*, *tenere-aio > *torrä*, venire-aio > *verrä*; la même assimilation a lieu dans le groupe -lr > rr, voudrait > *vorrä*, faudrait > *farrä*, mais avant l'accent nous avons dr: col(i)ru > *tχōdr*, volv(e)re > *vǭdr*, col(i)gere > *tχü̆dr*, mol(e)re > *mö̆dr*, le groupe -sr > tr: essere > *ętr*, crescere > *crātr*, cosere > *cüdr*, cognoscere > *coñatr*.

δ) Groupes composés de consonnes + y.

6⁰. Le groupe -ty devient *ž* lorsqu'il est intervocalique et *s* lorsqu'il est appuyé: rationem > *räžō*, potionem > *pōžō*, captiatorem > *tšᵊsü*, platea > *pyäs*, nuptia > *nos*, fortiare > *forsĭᵊ*; -dy initial ou appuyé devient dž: diurnum > *džōr*, hordea > *ǭᵃrdž*; -by et -vy deviennent dž: rabia > *rädž*, *cambiare > *tšędžĭᵊ*, alveu > *ādž*, pluvia > *pyǭdž*; -ly (lly) > y: taliare > *täyä*, folia > *föy*, molliare > *moyä*; -sy intervocalique devient *ž*: mansionem > *mažō*, basiare > *bäžĭᵊ*; -ssy > s: bassiare > *bäsχĭᵊ*, missionem > *mwäsō*, -cy devient s en toute position: *aciaciu > *äsĭᵊ*, glacia > *yäs*, calcea > *tšās*, brachiata > *brasĭᵊ*; -py intervocalique devient tš: hapia > *ätš*, sapiat > *sätš*, adpropiare > *äpritšĭᵊ*, v. h. all. krippia > *cratš*; -my devient dž: comeatum > *cō̆džĭᵊ*; -ny, -nny, -gny intervocaliques sont devenus *ñ*: vinea > *vᵊñ*, (aranea + aria > *ärm̃ᵊr*), balneare > *bäm̃ᵊ*, castanea > *tšätęñ*, cognoscere > *coñatr*, pugnata > *poñĭᵊ*; -mny devient dž: somniare > *sōdžĭᵊ*, *dominiariu > *dädžĭᵊ*.

7⁰. Groupes de consonnes dont le dernier élément est une explosive.

La divergence dans le développement de ces groupes est analogue à celle du français, c.-à-d. les traitements diffèrent suivant l'époque à laquelle s'est produit la syncope des voyelles intermédiaires dans les mots du type: manducare ou cogitare où la sourde intervocalique a dû passer à la sonore pour aboutir à *mędžĭᵊ* et *tχü̆dĭᵊ*, vindicare > *vǭdžĭᵊ*, adiutare > *ädĭᵊ*.

Mais dans les proparoxytons d'une part: -aticu > adigu > *ädž*, coraticu > *corädž*, villaticu > *vlädž* de l'autre: Cons. + (i)cu > tš, manicu > *mę̄tš*, manica > *mę̄tš*, pertica > *pę̄rtš*. Dans ces derniers exemples la posttonique devait tomber antérieurement au passage de la palatale sourde à la sonore, qui était intervocalique, lorsque la finale est *a*.

3. Groupes finals.

Tous les groupes de consonnes finals du latin vulgaire ne se terminant pas par une liquide, *c* ou *m* se sont effacés dans notre patois. diurnu > *džōᵃ*, tempu > *tā*, altu > *hŭ*, credit > *cra*, tectu > *twä*, caldu > *tša*, factu > *fä*, nervu > *nęᵃ*, tra(n)sversu > *trävęᵃ*, cervum > *sęᵃ*, brachiu > *brä*, frigidu > *frä*, boscu > *bǫ*, colpu > *cǫ*, augustu > *ǫ*, noctem > *nǭ*.

Ceux qui persistent sont les groupes latins se terminant par *r* ou *l* (palatale ou labiale + *l*) ou *m*, *n* ou *c*: fratrem > *frär*, *criblum > *criby*, circulum > *sk̆arχ*, ungula > *ǫy*, alveu > *ādž*, sapiu > *sädž*, rubeum > *rŭdž*, ulmu > *orm*, coperculu > *crav̆ęχ*, masculu > *mal*, soliculu > *soręy*, veclu > *vęy*.

La même règle s'applique aux groupes de formation romane: facere > *fär*, credere > *crär*, coquere > *tχör*, fugere > *für*, arbore > *äbr*, consuere > *cudr*, asinu > *än*, salicem > *sas*, alterem > *ātr*, galbinu > *džan*, sedecim > *saz*, pulice > *püs*.

Remarque. Il existe quelques mots dont l'*r* final est inorganique et dû probablement à l'analogie: wespa > *vwępr*, *aresta > *alęir*, cubitu > *cŭtr*.

B.
Toponomastique.

a)
Noms de lieu dérivés de noms d'homme.[1]
(1. Noms de familles et sobriquets. 2. Prénoms. 3. Noms de saints.)

1. Noms de familles et sobriquets.

Allemand, *l'almę̃*, P. G. (n. n. 1683 essert l'Allemand, a. c. 1548 German l'A.).

Bidal, clos. nom d'un Abbé de l'ancien chapitre Moutier-Grandval (1683 Bidat). M. G.

Böglin, pré. Nom aujourd'hui éteint dans la localité (a. c. 1500 environ *bögly*) M.

Boillat, *bwäyä*, champ. Nom très répandu au Jura bernois; formation déverbale à l'aide du suffixe -ittu (cf. bibitore > *bwäyü*). G.

Boivin, *bwävĭ*, pré. Non éteint, primitivement sans doute sobriquet. M. Cr.

Bolx, *bolx*, crêt. Nom éteint. Se retrouve dans les a. c. M.[2]

Boucher, crêt. (a. c. vers 1480. Garnier Buchey.) C.

Brennet, clos. M. éteint.

Bron, crêt. (a. c. Gossin le Bron). Cr.

Bronchat, champ. (r. r. 1683) aujourd'hui Bronchet. Cr.

Cadet, clos. éteint. C.

Chapuis, pré. Non éteint dans la contrée; *tšäpü* = charpentier. P.

Chiroz, clos. Fausse graphie pour le nom encore vivant „Giroz" de l'all. „*geriwald*". P.

Chopin, *šopĩ*, combe. Éteint dans la contrée (cf. Chopard encore vivant).

Choudaie, χudä̃, pré. Éteint peut-être *solidatum? M.

---

[1] Nous avons écarté de notre étude toponomastique la recherche de l'origine des noms de famille, ce genre d'investigations réclamant une orientation d'étude que nous ne pouvions nous proposer. Quelques remarques toutefois que nous avons cru bon et utile de produire se sont imposées à nous chemin faisant.

[2] *bolx* signifie aussi dans notre patois un trait d'arbalète, de l'all. bolzen.

Choulet, *šūlā*, pré. (a. gr. Schoulay, Chouellait.) M.
Chouppin, champ. G. (cf. chopin).
Coquin, champ. M.
Cornel Hin, chésal. M. (r. r. 1683).
Coulon, marais (de Nicolas par aphérèse + ōnem). N'est plus usité ni senti comme prénom. M.
Cyerle, champ. Éteint. M.
Dupont, doz chez. G.
Eptinger, pré. M.
Fliugsuif, cerneux, (graphie erronée pour „Flügauf" nom de fam. all. (r. r. 1683). G.
Gaillardes, clos G. éteint, sans doute sobriquet.
Gallet, forêt, éteint dans la localité, mais encore vivant au Jura. M.
Garod, champ. (Garaut, Garaud dans quelques documents), all. *gar-wald*. M.
Gobat, champ, M. Pré ès Cr.
Gossins, ès. Non éteint. Cr.
Hèche, pré. Non éteint. M.
Hehme, cerneux (r. r. 1683). Cr.
Jeuliard, champ au (r. r. 1683), aujourd'hui Juliard, G.
Jojo, sous chez, *yọyọ, dō tsī*, sobriquet, que l'étymologie populaire fait remonter à de vieilles gens, habitants de la maison dite aujourd'hui „chez Jojo", et qui étant allemands n'auraient répondu à leurs combourgeois que par des „jo, jo". Après tout cette origine est possible et n'a rien d'extravagant,[1] mais il est bon de faire remarquer que la formation de sobriquets et de surnoms par redoublement de syllabe est fréquente.[2]
Joray, cerneux. Nom très répandu. B.
Iselet, champ. M.
Lambert, champ (r. r. 1683). Cr.
Lioz, cras du champ. Cr.
Mairats, *merǎ*, (r. r. 1683). C.
Marchand, champ. Cr.
Menier, pré Jean. M.
Mercier, champ. M.
Monbertin, P.
Mornach, terre de (r. r. 1683), appartenant anciennement aux seigneurs de Mornach. M.
Moré, clos (a. c. cerneux Jean Moré). G. E.
Morels (r. r. 1683) champ. Non éteint au Jura. M.
Mütle, fief (r. r. 1683), non éteint. P.

---

[1] Je retrouve le même sobriquet „jä, jä" à Porrentruy.
[2] Pour ne citer qu'un souvenir de collège je me permettrai de produire ici les noms de mes honorables professeurs tels qu'ils figurent encore dans le lexique du gymnasien neuchâtelois. Ce ne sont pour la plupart que des redoublements de syllabe de leur vrai nom de famille ou de leur prénom: *mümü, süsü, kiki, tütü, tētē, tōtō*.

Nez, champ Jean le. M.
Nowelli, champ (r. r. 1683 Abraham Nouvelli, vers 1500 Novelly), éteint. M.
Péteut, *pętö*, cras d'chez l'. Non éteint. R.
Picard, *pilyä*, côte. Éteint. M. R.
Pin, marais Jean du. M.
Pochet, derrière chez (r. r. 1683). P.
Rabin, verger (r. r. 1683 Roubbin).
Rambert, dans Montrembert. G.
Rénie, *ręnię*, en, (1683 Rehnie, Renier, déjà en 1306 „de prato 'Reinier"). M.[1]
Riard, pré (déjà en 1683 r. r.). Non éteint.
Romi, cerneux, petit bois ès, non éteint. M.
Rossat, champ di, G. M.
Rossez, champ (r. r. 1683). G.
Roubbin, cf. rabin.
Saulcy, *säsi*, pré de, non éteint. Famille provenant de Saucy, village en Ajoie, lat. salicetum.
Tièche, pré Jean, non éteint. M.
Vendelo, *vędlǫ*, oeuches, sobriquet, rodeur, vagabond.
Witzig, clos (r. r. 1683).

2. Prénoms.

Ammelon, *ämlǫ*, fief (r. r. 1683), Amalia + onem. Cf. suisse all. limitrophe „Ammeli", „Emmeli" (Bâle).
Antoine, clos chez, vers chez. P.
Boirte, pré, fr. Berte all. Bertha. P.
Bendi, *bęsdi*, ordon. de „benedictus" suisse all. Bänedicht, Bänedik et Bendix. R.
Caroline, la, *cärlən*, lä. Nom de pré. R.
Genori, pré; ce nom d'allure italienne n'est autre que la contamination des deux prénoms Jean-Henri (a. c. 1580 Jehannery); aujourd'hui *džęri*. G.
Germain, cerneut. La fréquence de ce prénom dans le passé s'explique pour notre vallée par le prestige de St-Germain, premier abbé de Moutier-Grandval, fondateur du couvent et martyr (cf. Moutier). Cr.
Germonet, champ. Cr. Forme française pour germonat diminutif de Germain.
Gorgé, cerneux. M. Non éteint, champ, Cr.
Gorionat, clos (a. c. 1683 Gobbat Gorionat); diminutif de Gorion, de germ. gaud-ric, fr. gauri.
Grégoire, clos. Cr.

---

[1] Tr. III, No. 50, 1306. „Annuatim decem solidos denariorum, de pratis dictis ‚dan Reinier' sitis in maiori monte de Arsa"... id. dans le *liber vitae* de M.-G. à la même époque. Ces textes prouvent que nos montagnes étaient habitées et cultivées bien avant l'arrivée des Anabaptistes allemands.

Humbert, pré, M.
Jean, cerneux, E.
Jeannat, chez, E. Suff. -ittu.
Isaac, clos, E. chez gros, M.
Ladans, pré (graphie erronée déjà 1683: „Prailaden") lisez: pré l'Adam.
Lodets, *lōdä̆*, clos ès, le français connaît comme doublet de Claude, laude, laudet, mais la finale *ä̆* et la graphie *o* pour *au* semble renvoyer plutôt à la forme suisse all. *lü̆di* pour Ludwig comme Walti a donné *Valtä̆*. M.
Lodeta, ès clos, Diminutif de *lodä̆* (cf. lodet). M.
Ludwig, *loyĭ*, clos, de „ludovicum" > *looi* > *loᴣi* > *loyi*. M.
Margueron, clos, variante pr. Marguerite. P. M.
Matté, sous la Jean, M.
Martenat, cerneux ès (r. r. 1683 Mertenat), diminutif de Martin. Cr.
Odenat, derrière combe; Dimin. de Odon. B.
Oriat, champ (r. r. 1683 Horriat). Diminutif de Ori (sorti de Ulricus de l'all. Huldrîch) + ittu.[1] L'*h* étymologique s'est conservé dans le nom de famille de la Suisse française Houriet (Neuchâtel). P., suisse all. *Oeri, Hauri?*
Permont, *pi^ərmō*, pré, pour Pierre-mont. Cf. Perrefitte. R.
Perrat, *pi^ərä*, courtils (r. r. 1683). *tᵪörtĭ* dim. de Pierre. Cr.
Perrin, oeuche Jean, M.
Peter, clos gros, all. M.
Peterly, fief. Dimin. du précédent. G.
Phlippe, pré, pour Philippe. P.
Pierre, *pi^ər*, la combe, de „petrus". R.
Richard, essert. E.
Sauvain, pré, côte. Cr.
Valtä, ès, du suiss. all. Walti, de Walter. R.
Vuillematte, la. Le fr. Guillemette (a. c. 1683), les noms de famille dérivés de l'all. Wilhelm sont nombreux au Jura bernois.
Vuillerat, champ. M.
Yade, *yād*, ordon à gros, R. français Claude.[2]

---

[1] Trouillat III. vol. No. 256. Ulrich, bailli de Porrentruy déclare en 1337 aux bourgeois de cette ville: Je Holris, vouhez de Porrentruy... puis " 1333 No. 266 „Horris".

[2] Le mot est indigène, tout au moins bourguignon; mais quelle évolution des sons! Il y a de „Claudius" à „Yād" triple violation de lois phonétiques: *cl* devant aboutir à *ᵪ*. *au* à *ō*, et *dy* disparaître ou tout au plus donner *dᶻ*. Il faut admettre un passage de *cl* à *gl*, puis une identification erronée de *au* dans Claude francien à *au* sorti de *a + l*, toujours *ā* dans notre patois (chaud > *tsā*, calva > *tsav*, sahala > *sal* etc.), enfin conservation de *d* comme étant nom de baptême, partant mot d'Eglise. Il faut attribuer sans doute la fréquence de ce nom en Bourgogne à la célébrité de Claude (Saint) évêque de Besançon au 7ième siècle, qui illustra par ses vertus la partie orientale de la Bourgogne (Franche-Comté) et dont le monastère (qui porte encore aujourd'hui son nom) devint après sa mort vers 696 un des lieux de pèlerinage les plus recherchés.

Yadat,[1] clos, dimin. de *Yād* suff. -ittu.

3. Noms de saints.

Ste-Catherine, pré, M.
St-Germain, de St-Germanus, fondateur et premier abbé du monastère du lieu (cf. Moutier).
St-Jean, roche, R.[2]
St-Martin, pré, M.
St-Pierre,[3] champ, M., pré B., place G.

b)
Faune et Flore.
(Noms dérivés de noms 1. d'animaux, 2. de plantes.)

1. Noms d'animaux.

Agasse, *ädyäs*, pré l', P. du v. h. all. agaza, la pie.[4]
Boeufs, *bü°*, côte aux, *cǫt ā*. C. E. lat. bovem.
borbī° ā sē̜ᵈ R. fr. bourbier aux cerfs.
Bovaine, en la, M. (tiré d'un acte d. 1683) lat. bovina.
Bouvrie, la, M. 1683 r. r. v. Bovries.
Bovries, M. (déjà vers 1500 bowerie) le suffixe -erie est fr. le b. lat. *bovaria cité par D. C. aurait dû aboutir à *bovīr*. Enclos pour l'estivage des jeunes boeufs.
Bument breulai, *bü°mä brōlä*, Cr. nom de champ. *bü°mä* < *bovimentum, fumier.[5] *brōlä* < *brustulatum; fr. brûlé.
Buement, *bü°mä*, le, Cr. v. le nom précédent.
Chaible au Chevreux, *tšäby ā tšävrö̜*, M. (d'un a. de 1683) nom disparu; du b. lat. cadabula (Scheler) > *tšäby*, couloir qui sert à dévaler le bois des hauteurs; capreolum > *tšävrö̜* fr. châble au chevreuil.
Chaibion, *tšäbyǭ*, M. (1821 a. c.) dér. du mot préc. avec suff. -onem qui ajoute dans ce cas une idée péjorative.

---

[1] De *Yād* on a un féminin Yadine.
[2] Situé au bord de la route; le creux au bas du rocher fait supposer qu'il devait contenir avant l'établissement de la réforme, ou une croix ou quelque image du saint.
[3] Il existait anciennement à Moutier une église St-Pierre à côté de la grande église collégiale. Les dernières traces de l'édifice démoli ont disparu vers le milieu du siècle passé.
[4] La fréquence de ce nom de lieu sur territoire romand et allemand par lequel on désignait primitivement sans doute un lieu malfamé, atteste la popularité et l'antiquité des superstitions qui se rattachent à la pie, qui n'a cessé d'être chez nos paisans, comme ailleurs du reste, l'oiseau de mauvais augure par excellence (cf. Gasse, la).
[5] Un acte de 1715 porte: „-item trois trais de *Lavons* (= planches), trois *luges* (= traineau à deux cornes qu'on mène à bras) à mener le foin, et une à mener le *böuement*".

Chervé, *tšärvẹ̆*, champ, M. (r. r. 1683 Chevrèz); cette ancienne graphie prouve qu'il s'est produit une métathèse vr > rv, du lat. caprarium. Sur les doublets de -ariu, -aria voyez le vocalisme. La forme actuelle est *tšəvrīᵊ*.

Chevaux, *tšvā*, combe aux, R. a. c. nom disparu, lat. caballum.

Chèvre, *tšīᵊvr*, pré la, R., la, (montagne) P. lat. capra.

Chevreuil, *tšävrῐ̈*, combe au, C. *cŏb ā* lat. capreolum.

Chien, *tšĩ*, pré au, *prä*. P. lat. canem.

Duc, rocher au, R. le hibou commun.

Espetaux, *ẹptọ̄* et *ẹptā*, G. nom de pré (r. r. 1683), du lat. putidu + suff. germ. *wald*, *ès ptọ̄* = aux putois. La forme *ptọ̄* est due à l'influence française; voyez Gautier — *Gāti*, Vaux — *vā* etc. et à un changement d'accent qui a produit l'effacement complet de la protonique initiale.

Fourmis, *frmĭ*, champ des, *tšẹ̃*, M. lat. formicu. s. m. *ĩ frmi* fr. fourmi.[1]

Gasse, combe la, G. M., rière la, pré la. Toutes ces graphies sont erronées. C'est l'*ädyäs* (cf. Agasse) qu'il faut lire. Le scribe probablement allemand pensait à Gasse, rue.

Lièvre, *yīᵊvr*, champ au, P., pré la, B. Cr. lat. leporem est fémin. dans notre patois *än yīᵊvr*.

Limaçon, *yəmäs*, pré, M. *prä*, lat. *limacea.

Loup, *lŭ*, creux au, fontaine, lat. lupum.

Lover, *lovēr*, la, *lä*, G. lat. luparia avec conservation de l'ancien suffixe -*ẹr* (cf. -arius, -aria au vocalisme) fr. louvière.

Mattou, *mätŭ*, sur champ, Cr., fr. matou.

mọ̃tīᵊ ā fọx, R. Nom d'un bloc de rocher isolé dans la forêt. Propr. „moutier au fox", soit „l'église au renard". *monisterium et l'all. Fuchs. Cf. le nom de lieu all. „Fuchsenkanzel" (Ct. de Berne).

Muses, *müᵊs*, bois des, *bọ̄ di*, M. Nom d'une forêt de montagne. *müᵊs* s. f. est le nom d'un oiseau sauvage de la famille des gallinacés. Le mot presque éteint n'est plus connu que des vieillards. Tout le monde dit aujourd'hui „bois aux müz", c'est plus poétique.

Oies, *ọv*, pré aux, *prä ā*, M. lat. auca.

Ortie le boeuf, *ortīᵊ l' bü̃ᵊ*, combe, R. G. lat. urtica + arium et bovem, lieu où croissent des orties. L'imagination populaire toujours en éveil, lorsqu'il s'agit d'expliquer, voudrait qu'on prononce: *ortüᵊ l' bü̃ᵊ*, pour ainsi dire „ursus *tutat bovem"; le pâturage de ce nom aurait été jadis un jour la scène d'un combat entre un boeuf et un ours. Si la chose en soi n'a rien d'impossible, la forme et le fait que le même nom se retrouve dans d'autres localités, nous font reléguer *ortüᵊ l'hü̃ᵊ* et son explication dans le domaine de l'étymologie populaire.

---

[1] L'ortographe française est illogique.

Pitats ès, *ptā, ẹ̄*, G. voyez Espetaux.

Poulat, *pŭlă*, droit des lieux, P. *drwă d'yü̆ᵊ*, haut des lieux, *hā d'yü̆ᵊ* (1683 r. r. clos poullat, G.), lat. *pullittu a) petit coq, b) robinet.¹ C'est dans la seconde acception quelque peu élargie qu'il figure ici; le mot évoque l'idée d'un lieu humide où l'eau dégoutte et ruisselle.

prīᵊr pŭsnăt ou *džᵊrnăt*, R. lat. petraria { pulice + itta / gallina + itta ; *pŭsnat* ou *džᵊrnat* est le nom que nos paysans donnent aux coquilles d'escargots pétrifiées (cf. dans une dérivation analogue le suisse all. pipeli, petite poule „Fohrepipeli").

Raitoueres, *rătü̆ᵊr*, les, G. (r. r. ès piaines Raittourres) dériv. de *răt* s. f. la souris + oria. a) trappe, souricière. b) terre ravagée par les souris et les rats, puis, par extension, mauvaise terre, impropre à être ensemencée. *rătă*, rongé par les souris.

Renard, *rnãr*, cerneux, M., champ au, P. s. v. h. all. Reginhard.

Vacher, *vătšẹ̄*, pré, M. (1683 r. r. vaiché) est français.

Vacherie, pré de la, G. C. est français.

Vaches, *vătš*, pâturage aux, *tšẹ̃pwă ā*, E., lat. vacca.

Taicheniere, *tăšniᵊr*, la, R.; du lat. taxonem > *tăšȭ* taxonaria, tanière du blaireau.

Roncins, *rȭsĭ*, planches aux, P. b. lat. runcinum, étalon.

Veaux, *vẹ̄*, pré ès, *prä ès* C. lat. vitellum.

Vélie, *vẹ̄liᵊ*, le, R. B. Cr. E., le petit, P., clos du, C. lat. vitellarium, enclos pour les veaux, all. Kälberweid.

2. Noms de plantes.²

Biorles, *byorl*, les, B., lat. viburna, fr. viornes.

Bramattes, *brāmăṭṭ*, sur, M. (r. r. 1683 clos de „Bremaittes), mot complètement éteint, nom d'un pré de montagne. J'estime que le mot est d'origine allemande et dérivé dans sa première partie du v. h. all. *bramal* venu de *brămō̆*, *brâma*, aujourd'hui all. *brom*, engl. *broom* l'épine rouge, mûrier. Dans le même sens suisse all. *brōme* (Ct. de Zug, Zürich, Bâle Campagne et partout ailleurs *Brombeeri*).³ La seconde partie -*măt* est l'all. matt graphiquement confondu avec le suffixe -atte < itta. Il est bon de rappeler d'abord la proximité du territoire de langue all. puis la fréquence de -matt dans la formation de noms de lieu all. (Ct. d. Soleure, terrain limitrophe, d'après l'atlas Siegfried p. ex.: Schützenmatt,

---

[1] comme l'all. Hahn, Hähnchen.

[2] Nous plaçons dans ce chapitre quelques appellatifs qui sans être à proprement parler des noms de plantes se rapportent cependant directement à la flore.

[3] cf. Gatschet, O.-F. p. 98, et sur l'existence de dérivés italiens de *brămo*, vicent. *brombo-a*, „*pruno, prugna*", basso-engad. *brümbla* „*prugna*" voyez Nigra Arch. glott. XV, p. 101 e. s.

Herrenmatt, Schafmatt, Buchmatt, Weiermatt, Moosmatt etc.).

Brous, *brū*, ès, Cr. mot éteint. Celt. *brouc*, suisse all. (Ct. de Berne) *Brug*, la bruyère. Bruggeren d'un lat. brugera, nom de hameau dans le district de Schwarzenburg (Ct. de Berne).

Brues, *brū^ə*, les, de dos, champ des, dessus, Cr. (r. r. 1683 prairie des grandes b. G.), barre des, le, Cr. (a. c. vers 1680 „*bruys*"). Noms de terres marécageuses, l'all. „Brühe".

Cagreu, *cāgrö*, P. Nom d'une mauvaise herbe, plus connu sous le nom *cū^əlsä*, „queue de chat", all. „Katzenstiel", fr. la prêle.

Celesiers, *slidžī^ə*, les prés, Cr. lat. ceresia + ariu, fr. cerisier.

Chardenat, *tšärdnā*, l'oeuchatte, M. lat. cardonem + ittu, fr. chardonet.[1]

Chêne, *tšān*, le, R., champ du, P., sur le, G. lat. *cassinum, v. fr. *chasne*.

Cheneviere, *tšänvīr*, du pré, R., lat. cannabaria.

Coeudres, *tχödr*, champ des, G., gr. κορυλος, lat. corylus, *colyrum, fr. coudre; *tχödrī^ə*, coudrier.

Cū^ə lä lsät, R. Nom de pré fr. „queue la chatte", l'allem. „Katzenstiel" plante: „equisetum arvense".

Courrouses, *curūz*, clos des, R. Nom de la poire cultivée dans ce clos, et qui tire son nom de Courroux, village de la vallée de Delémont d'où le fruit fut importé. Formations analogues: des *lyō* (poires de Lyon), des *dərlī^ə* (poires de Develier), des *tšēpō* (poires de Champos). L'étymologie populaire fait dériver ce nom de la couleur du fruit, cou rouge.

Envorgieres, *ānordžī^ər*, les, P. (r. r. 1683 orgiere) mot éteint. lat. hordeu + aria et in, probablement emplacement où l'on vendait de l'orge.

Fahyn, *fäyī*, plain, *pyē*, P. lat. planum faginum, petit plateau planté de hêtres; *füyī* est aussi le nom du putois, qui se plaît dans les hêtres cf. „martre des hêtres", angl. „beech-martin".

Foigiere, *fwädžī^ər* et *fadžī^ər*, C. lat. filicaria, fr. fougère.

Fleurats, *χürä*, pâturage des prés, C. lat. florem + ittu, mot éteint.

Fraises, *frä*, pré des, P. s. m. lat. fragum.

Frêne, *fēr*, champ du, pré R. *tšē di prē*, on écrit toujours préfrêne et prononce *prēfēr*. Ce nom a donc subi une double transformation, car fraxinu donne régulièrement *fr̃an*. D'abord une dissimilation des deux groupes de consonnes *pr—fr*, qui devait entraîner l'amuïssement de *n* final, puis sans doute à une

---
[1] Peut-être un nom de famille.

époque récente seulement sous l'influence du fr. pré une assimilation des voyelles: *präfrän* → *präfär* → *prefēr*.

Geneveys, *dzᵊnvē̤*, champ, M.; lat. jeniperu + ariu la forme patoise présente une réduction du groupe *-nvr* à *nv*; plantation de lin.

Jons, *dzǭ*, les, E.; lat. juncum.

Malépiay, *mālē̤pyā̤*, (r. r. 1683) M. nom disparu, lat. malum spicatum, spicare > *ē̤pyā̤*, sortir de l'épis.

Malherbe, *malē̤rb*, M.; lat. mala herba *mā̤*, *māl* adjectif, mauvais p. ex.: *mālpīᵊr*, *mālmaz̄ǭ*, *mālrā̤*, *mālrotš* etc.

Mousse, *mŏs*, sur la, R.; orig. germ. *mussa (cf. Br. Z. XXI, 218).

Orgerie, *ōᵃrdžīᵊr*, P. M.; cf. Envorgiere.

Orme, *ǭᵃrm*, champ de l', P.; lat. ulmum.

Perchattes, *pē̤rtšăt*, prés des; lat. pertica + itta, jeune hêtre.

Perches, *pē̤ᵃrtš*, derrière les, R.; champs de la, ès, Cr; lat. pertica.

Plânes, *pyăn*, les, G.; lat. platanum, fr. platane.

Poil du chien, *pwă di tšĭ*, M.; nom de prés; nom populaire d'une graminée, la narde roide (nardus stricta), appelée aussi „*pwă di lu*", bien connue aux faucheurs comme très résistante sous la faux.

pwărīᵊ, l', P.; fr. poirier, *pwărīᵊ pistŏlă*, R., fr. poirier pistolet; l'arbre a disparu, le nom est resté; il tirait son nom de la forme du tronc tordu comme un pistolet.

Pois, *pwă̤*, cras des, P., sous creux di. a) lat. pīsum, b) pĭcem.

Pommerat, clos au, M. nom disparu, dont le sens est éteint (r. r. 1683) peut-être un nom d'homme; on attend de *pomīᵊr* s. fem. un diminutif *pomrat*.

Racines, *răsən*, ès, Cr. (a. c. 1738 ès raisennes), lat. radicina.

Rainfo, *rē̤fǭ*, P.; nom de forêt de *rē̤* < ramum, la branche, le noeud dans le bois (cf. all. *Ast*) et *fǭ* < fagu. Ce dernier mot est sorti d'usage et a été remplacé par *pē̤rtš* et *fwăyār*, le hêtre.[1]

Ravières, *răvīᵊr*, les, C., champs, sur les, Cr., lat. raparia, champs de raves.

Rosenières, *Rozenières*, Cr., *roznīᵊr* P., aussi nom de village all. Welschenrohr, derivé de raus all., fr. roseau + suff. inu + aria (cf. sous eau; Rauss).

Sale, *săl*, chemin de, Cr., champ de (1683 saale) d. v. h. all. *sahala*, fr. saule. D'un document du milieu du XVᵉ siècle (Trouillat)

---

[1] Un arbre historique a conservé et semble devoir perpétuer le souvenir de ce mot qui tombe en désuétude; c'est le fameux „*fǭ* des hérétiques" des Genevays sous lequel le réformateur Farel a passé, dit-on, grâce à la violence des femmes catholiques, le plus mauvais quart d'heure de sa vie.

il ressort que ce lieu est un ancien champ clos où devait descendre tout Prévôtois désireux de vider une querelle par les armes.[1]

Trondai, *trõdä*, le, R., lat. truncum > *trõ* et *dä* s. f. „bois gras", fr. popul. dard. (?).

Vaivres, *wävr*, champ des, creux des, planches des, marais des, sur les, droit des, G. lat. vepres, le mot est éteint.

Vernes, *vē^arn*, champ, Cr., gall. *vernos, fr. verne, aulne.

Vigne, *vañ*, la, M. R., lat. vinea.

Vigneule, *viñöl*, clos de, M. (1683 r. r. vigneulle), lat. *vineola.

Vinne, *vəñ*, sur la, Cr. Cf. vigne.[2]

c)
Topographie.
(1. le sol. 2. l'eau.)

1. Noms de lieu dérivés de la configuration ou de la nature du sol.

Arceu, l'*ärsö*, M. nom de rocher, mot éteint (v. 1500 „in prato en l'arseuz") lat. arcu + eolu.

Astai, *äsiä*, pré de l', *dō* (sous) *prä*; fr. propr. terrain qui s'est assis, du lat. *adseditare > *äsiä*; dc. pratum *adseditātum.

Bame, *bām*, la, *lä*, G. de *balma d'orig. obscure; caverne, creux, de là une dérivation verbale *inbalmare, *s'ałāmā*, se cacher dans un trou (se dit des animaux).

Besse, *bäs*, pré la, M. (déjà en 1683), lat. bassa (scil. montanea) par opposition à „*lä hāt*". Les deux adjectifs en fonctions de substantifs sont encore en usage.

Besace, la, *bsäs*, M., nom de champ, lat. *bisaccea.

Beserain, champ de, *bäsrẽ*, M. 1683; signifie: champs du bas, lat. bassa + ariu + anu (?); cf. fr. riverain.

Beseraux, *bäsrǫ*, M., nom de champs, lat. bassa ruga, sillons du bas; cfr. v. fr. *roie*.

Blanches terres, *bvẽtš tē^a*, M. 1683 nom disparu.

Boussa, le, *būsă* (1683). Est le troisième et sans doute le plus vieux nom du village St-Joseph, all. Gänsbrunnen. Le

---

[1] — „*Et se tant estoit que champ de bataille se fist en la prévoté, le champ se doibt faire au lieu de Creminnes, sur le pré de Sales, et pourleque le champ de bataille se fait sur la Prévoté, nostre sieur le Prévost doibt avoir le thier de l'avoir de celui qui pert et nostre seigneur de Basle les 2 parties — ... et l'advoyer doibt songer les armures à ceux qui font le champ de bataille, et doibt avoir l'advoyer toutes les armures du perdant de champ, lesquelles armures les amis du perdant pouvent roimbre et ravoir de l'advoyer pour 20 sols à meilleur marché que nuls autres.*" —

[2] Sans ces derniers noms de lieu rien ne donne à supposer l'existence d'une ancienne viticulture dans cette partie du Jura. Les vendanges n'ont probablement pas survécu longtemps chez nous à la disparition des caves du couvent.

nom est tombé en désuétude. Ceux qui se le rappellent expliquent par: *bout du sac*, St-Joseph étant le fin fond du „*cornat*" (nom de la vallée). C'est l'étymologie populaire, la véritable se dérobe.

Boucles, sur les, *bõχ* s. f., M.; lat. buccula, élévation arrondie, all. *Buckel*, v. fr. *bocle*.

Colattes, les, R., nom disparu, semble remonter à un lat. *collitta (?), mais il est plus probable que ce soit une fausse graphie pour golattes (voyez golat).

Combattes, *cõbăt*, les, M. B. G., la, Cr., oeuche de la, E. dim. de combe à l'aide du suffixe -itta.

Combe, *cõb*, champ de la, dos les, dos les clos, R., la, M., grosse, noire, petite P., peute (putida) noire, riere la, G., la, E., sur la vieille, Cr., orig. celt. kymb- cumb-a vallon étroit, ravin.

Contours, fin des, E.

Contremont, *cõtrmõ*, champ, G., synonyme de *vwãrmõ*. Champs situés contra ou versus montem.

Corbesses, les, *corbãs* B., champs; du lat. *curvacea, champs recourbés, avec conservation du sens péjoratif, désigne aussi une femme malfaite.

Cornat, le, champ du, E., lat. cornittu, coin, recoin. Est le nom de la vallée parcourue par la Raus depuis Elay jusqu'à Moutier.

Cornais, *cornã*, la, C. P.; voyez *cornã*.

Cornã, ès, R., lat. cornata fr. cornée. Nom d'un pré s'avançant en forme de corne dans la forêt.

Côte, *cõt*, de l'Envers, *dlãvẽᵃ* R., des neufs clos, dos les, Cr., du lat. costa, d'abord flanc de montagne, puis forêt, tous nos flancs de montagnes étant couverts de bois.

Côtate, *cõtăt*, la, R., ès, -s G., sous la, M. Cr., lat. costa + itta, fr. petite forêt.

Crâte, *crãt*, à la, B., lat. crista, fr. crête.[1]

Crémine, *carmĩn* (1461 Créminne, XVIᵉ s. Cremin)[2] crosu mina, fr. creux des mines. Les traces de gisements sidérurgiques sont encore visibles dans le sol, mais l'industrie métallurgique jadis florissante a complètement disparu du lieu.

Crêt, *cra*, champ des, au, sur le, R., haut des, la forêt du, champ du, P., le, peu (putidu), ès, sur le peu, Cr., lat. cristu, tertre, pente rapide.

Cretchamp, *cretšẽ*, G. (r. r. 1683) graphie erronée, fr. crêt, du celt. kristu + campum, champ.

---

[1] C'est au même mot que je fait remonter le suisse all. „*Grattel*" (Ct. d. Bâle) fierté, dans l'expression „er het e. G." „crista + ella" > *crãtãl* et non pas à „gratter" (cf. Sch. ldiotk.), cf. Rabelais I, 25 „*acresté*", fier, la crête élevé, fier comme un coq; c'est une évolution sémantique analogue à celle de toupet = audace.

[2] cf. Quiquerez: „*Notice historique et statistique sur les mines, les forêts, et les Forges de l'ancien évêché de Bâle.*"

Creuse, *cröz*, sur la, la, M., la, c. de la golant, G., sub. verb. d. lat. *crosare > *crözä*.

Creux, *crö*, les, lat. *crosum, clos du *crödžəna* est le nom d'un fameux ruisseau de l'Ajoie „creux au sorcier" (*džənā*). C'est l'explication populaire, provenant de l'infection palatale de *s* entre voyelles. Les anciennes graphies ont *s*, donc: *creusenat*, petit creux.

crtšä, l', R. Nom d'un rocher crochu, le rad. *crocc- + ittu, fr. crochet.

džī, *crö di*, R. de l'all. Gips, fr. plâtre.[1]

Evalin, *ävalī*, l'aigre, *l'ägr*, R., les, M. champ des, B., lat. acrem > *ägr*, rapide, abrupte et *advallimen > *ävalī* dériv. de *advallare > *ävalä* (advallem > *ävā*), fr. éboulis.

Froideval, *frwädvā*, M. Le même appelatif est aussi nom de famille „Froidevaux", le seul ex. où nous ayons rencontré *vā* comme subst. fém.

Golant, *golā*, la, *lä*, G., clos de la, sur la, G. (r. r. 1683 „goulant", „goullant"), noms de prés très élevés sous les rochers, mot éteint, lat. gulata.

Golat, *gölä*, le, R., les, Cr. sur le; nom fréquent au Jura, éteint. Désigne des défilés étroits de nos arêtes de montagnes corresp. au fr. goulet, espèce d'entonnoir, du lat. gula + ittu —, trou, puis défilé, s. f. *golăt* ruisseau près de Develier.

Graiverats, *grävrä*, les, B., mot éteint, celt. *grava + aria + ittu, fr. les petites gravières.

Grandval, *grēvā*, all. Granfelden (1179 Granual, 1308 Granval), village paroissial situé sur la Rauss, nom de la vallée dès 1179, lat. grandem vallem.[3]

grävlā, lä, R.; nom d'un terrain ensablé et couvert de gravier par la Birse, peut-être du celt. *grava on a tiré un verbe grävlä dt. grävlā est le part. pass. fém., fr. gravelée.

Graviere, *grävīr*, sur la, M. (1683 r. r.).

Grise pierre, *griz pī°r*, M. Nom populaire de la molasse.

Gulata, *golat*, forêt des, M. (fausse graphie pr. gulatte, cf. golatte).

Jeureu, *yörö*, le, C. Nom d'une pente pierreuse et de prés, mot éteint; lat. glarea + eolum?

Joux, Jour, *džū*, champ la, M., la, coin des, B., hautes, Cr. G. R. E. Bridel: *djeur, djor, jeur, joux*, les documents du m. âge rendent par juriae, fr. joux, les hautes joux, les noires joux, all. Hoch- ou Schwarzwälder, fr. forêts de montagne, orig. celt. se rat-

---

[1] Le français littéraire ne connaît le mot qu'en tant que terme de minéralogie „le gypse", mais *gip, gisser, gisseur, gissage*, sont d'un usage général dans la Suisse romande.

[2] Le lyonnais a le même mot dans le sens de déclivité, „bas d'une colline" Puitspelu admet le suffixe -inu.

[3] Il en sortit au XIVe s. une famille noble „Henri de Grandval" (1329).

tachent à ce radical les noms: *Jorat*, montagne, *Jura*, César (B. G. I, 8), *Jorasse* et *Jouratte* (St. Ursanne), *le Joran*, nom d'un vent de montagne (Neuchâtel). Cf. *Gauchat* Bull. d. Gloss. 1904. 1, p. 14 et s.

Laimene, *lämẽn* v. mine.

Laivatte, *lävăt*, la, M., dim. de *laive* à l'aide de -itta.

Laives, *lāv*, les, haut des, M., dos les, G., noms des prés (1680 r. r. *laves*) s. f. grandes pierres plattes.[1]

Large, *lărdž*, la, *lä*, R., flanc de montagne, traduit le suisse all. d'Breiti.

Malberg, *mābēᵃ*, le, et malber, M. Paraît être une formation hybride de mal, rom., et berg all. *Granfelden*, *fürcri* (cri du feu) sont des produits analogues.

mərdžī, *lšẽ di*, R., lat. muricarium, monceau de pierre, v. franç. murgier.

märnīr, *lä*, R., fr. marnière.

Menne, *mẽn*, *lä*, Cr., fr. la mine.

Mine, *mẽn*, creux de, Cr., voyez menne.

Montaignatte, *mǫ̃tᵊñăt*, la, R., lat. montanea + suff. -itta.

Monteval, *mǫ̃tᵊvā*, E.

Moron, *mōrǫ̃*, P. Nom d'une chaîne de montagne qui s'étend de Perrefitte vers la Joux (vers 1200 de monte rotundo Tr. I, No. 296), lat. montem rotundum avec dissimilation des voyelles nasales; comme *mǫ̃to* de montonem (chaîne parallèle) ou Romont (Ct. d. Fribourg) de rotundum montem; Blâmont de blancmont ou encore Lomont de longmont (Ajoie).

Morte Pierre, *moᵃrt pīᵊr*, C., nom populaire du grès porreux.

Morte roche, *moᵃrt rotš*, sur, G. E.

Noz, pré la, B., mot éteint, (1683 noz), lat. *navica (?) la configuration du sol ne s'oppose nullement à cette conjecture.[2]

Perouse, *prūz*, fond de, M., lat. petrosa, fr. pierreuse, l'anc. plan et la carte Siegfried ont le masc. perou, dont l'imagination populaire fit le Pérou, nom de prés.

Perrefitte, *pīᵊrfät* (XVIᵉ s. pierefette, 1548 Jehan de pierrefette). Nom de village, lat. petra ficta pour pierre fiche, p. de démarquation.

Pertuis, *pərtχü*, le, Cr., lat. pertusum.

Plain, *pyẽ*, de, la côte, R., des traits (*trā* s. f. lat. trabem), lat. planum, terrain plat, généralement des plateaux de montagnes ou de rochers.

pyeñö, l', nom d'une petite plaine de montagne, lat. planeolum.

pyẽ rotšä, les, R., lat. planum *rocca + -ensem.

---

[1] Il faut en rapprocher le suiss. all. (Appenzell) Seelaff sorte de „pierres plattes" et peut-être Laff (Bâle, Soleure) paleron, Laffli, paleron de chevreuil, cf. Id. „Laff"; cf. Nigra A. gl. XV.

[2] Frib. *Not, no* s. m. bassin de fontaine, auge, gouttière, dim. *notsa, notsche* (Bridel).

Queux, *cū*ᵊ, des gros champs, lat. coda, fr. confins.
Rochattes, *rot̰šăt*, dos les, Cr., rad. roc- rocca + itta, fr. rochette.
Roches, *rot̰š* (doc. du XVᵉ et XVIᵉ s. ont généralement roche, l'*s* du plur. ne date que du milieu du XIXᵉ s., comprend les *hāt* et *bā̀s rot̰š*, *rocca, roche, all. *in drōt̰š*.
Rocher, *rot̰šă̰*, sur le, P. E.
Rochets, *rot̰šă̰*, les, G., pr. *rot̰šăt*.
rot̰šñă, l', R. Nom d'un petit rocher; -*ñă* réclame *rocca + aneu + ittu, peut-être sous l'influence de *mŏt̰ᵊñatte* < montanea + itta.
Rompeux, *rōpö̰*, les, B., mot éteint, barrières des, Cr., nom de prés en pente, lat. rotundum podium, fr. rond puis (?).
Rougées, *rŭžḛ̄*ᵊ, les, Cr. Nom de forêt, mot éteint. Au dire des habitants du lieu le nom serait tiré de la couleur du sol qui est rougeâtre. Le mot serait alors francisé, on attend *rŭdžī*ᵊ ou *rŭdžā̰*.
säbyō̰, les, P., lat. sabulonem, fr. sablons.
Seupis, *söpĭ*, M. a) entonnoir, terme de laiterie. b) enfoncements de terrain en forme d'entonnoir.
Tuf, *tŭ*, la, *lă*, C., s. f. fr. le tuf.

2. L'eau.

Ave, *āv*, dos l', G., lat. aqua, eau.
Auge, *ādž*, dos l', R., s. m. lat. alveum.
biel, *bī*ᵊ, le, R., le ruisseau, lit de rivière.
Bernet, *brnḛ̄*, clos, G., all. brunn + ellum. La métathèse de *r* s'est déjà produite dans les dialectes allemands (brunn et born), fr. source, fontaine.
Brunnacker, le, M. (1673 r. r.), fr. champ de la fontaine.
Chade-fontaine, *tšād fō̰tän*, cras de, M., lat. calda fontana.
Chalière, *tšavī*ᵊ*r*, fin de la, M. (XIIIᵉ s. Zscholiers, Salières, Challiers, Cholliers), lat. cathedra. a) Nom d'un village disparu. Détruit au commencement du XVIIᵉ s., par les ravages de la peste. Il n'en reste que la petite église de même nom au cimetière de Moutier, primitivement une *annexe de l'ancien monastère Grandis vallis*. Les graphies avec *Z'* (all. zu) et *o* pour *a* rendent la prononciation allemande. b) Nom d'un ruisseau, affluent gauche de la Birse.
Chenat, *tšnā*, pré, P., lat. canalem, fr. le chenal. a) le ch. de bois destiné à conduire l'eau de pluie au puits (en usage dans nos montagnes). b) ravin, canal.
āv d'lă tχözən, M., fr. eau de la cuisine. Venant d'une ancienne poissonnière réservée à la cuisine du chapitre.
Eaux, *āv*, entre les, *ātr l'*, R. M. P.

Elay, *ẹ̄lā̃*, pré d', C. a) nom de ruisseau. b) nom de village, all. Seehof. a) est le nom du cours supérieur de la „Gaibiatte" (ruisseau), lat. in lacum.

Fontaine, *fȭtän*, vers la, B. M., lat. fontana.

Fontenattes, *fȭtnat*, les, R., lat. fontana + itta.

Gaibiat, *gäbyä*, vie du, le, C., mot éteint. Nom de marais situés près d'Elay et du ruisseau qui en découle. Il se bifurque en deux branches, le Gaibiat et la Gaibiatte;[1] la première va se jeter dans la Raus, l'autre dans la Scheulte. *gaibiat*, subst. déverb. formé à l'aide du suff. -ittu du lat. vapulare (comme *molã*, le mouillat v. ce mot), dans le sens eaux stagnantes, marais. Conservé dans les dialectes du Sud: Lyonnais (bolliet, endroit marécageux, mare croupissante). Dauph. gabolli, gabouillé, remuer l'eau, provenc. gaboui, gabiot, saintongeais: gabot s. f. gâchis, flaque d'eau; gabouia, gaboulha, s'agiter (en parlant d'un liquide contenu dans un vase) gaboulhage, action de patauger.

Glaçon, *yäsȭ*, pré, R. Pré très humide, qui reste longtemps couvert de glace au printemps.

Jayai, *džayä*, marais, Cr., lat. gelatum, gelé. Le *l* dans le verbe actuel *džalä* ne représenterait-il pas un retour de *y* à *l* sous l'influence du mot français? (cf. noms de lieu: *məyĩ*, aujourd'hui *məlĩ*, fr. moulin, *məyīr* de molaria).

Marais, *märä*, ès, au, les, B. G. Cr. C. E. Plusieurs ont disparu ne laissant que leur nom.

Mer douce, la, *mẹ̄ᵃ dũs*, lä, R., l'ancien cadastre porte le Mardou; lat. merdosa > *märdũz*, merdosu > *märdũ* dont l'étymol. popul. devait faire „mer douce". Cette transformation populaire atteste un affinement du goût et devait se produire au moment où il s'agissait de coucher ce nom sur le papier blanc des actes officiels.

Meusiatte, *mȯ̈zyät*, la, R. Subst. verbal formé à l'aide du suffixe -itta de mucere, *mȯ̈zĩᵊ*, moisir.

Mouillat, *molã*, champ du, P., subst. verb. du lat. *molliare, *molĩᵊ*, mouiller.

Nan ou Nant, *nã*, le ou la, sous la, plain de la R., roches des, champ des, M., prés des, orig. celt. gall. *nanton source, vallis, ravin, ruisseau.

pyȯ̈dž, cra d'lä, G., lat. pluvia.

püš, ā, B., lat. puteum, fr. aux puits.

Rauss, *raus*, sur la, M. (1150 Arosa, Orosa), champ de la, (1683 Raousha). Nom d'une petite rivière qui prend sa source près de St-Joseph, traverse le village de Crémine et de Grandval et se jette dans la Birse au dessous de Moutier. Cf. Areuse (Ct. d. Neuchâtel) all. Reuss, bordelais Raus, Araus, bearn. arauc du

---

[1] La graphie des cartes de l'état major „Gaibiare" est erronée, et reproduite à tort dans Atl. géographique (Knap-Borel).

v. h. all. *rauza, got. raus, roseau, jonc. L'on remarquera que l'agglutination dans Areuse est très ancienne.

Rive, *rīv*, la, crêt de la, dos la, la peute (putida), R. P. M. Cr. E.

Riviade, *rīv d'lav*, la, F. Semble être une déformation arbitraire de *rīv d'lāv*.

Schnapoux, *šnapū*, le, R., mot éteint (r. r. de la „Schnaphaus" 1683) (a. c. Schnapoux all. Schnaphus). Nom d'un rocher entre Moutier et Roches d'où se précipite une eau bruyante au temps des crues ou après de grands orages. De l'all. schnappen, parler haut et avec précipitation (schw. Idiotk.) + osu (cf. *džāzu*, jaseur). L'all. „Schnaphus" me paraît être une étymologie populaire faite sur le féminin -osa (cf. *märdu(z)*, *pəru(z)* cités plus haut).

Seignes, *säñ*, les, grosse C., P. Mot éteint chez nous. Il signifiait marais, lieux humides. Le mot est répandu sur tout le territoire de la Suisse romande (surt. Ct. Neuchâtel¹) en Bourgogne, département du Doubs, Haute-Saône, Beaujolais et du Midi (Lozère, Ardèche), du lat. saniem ou sanea pus, sang corrompu, fr. sanie est mot savant; puis comme fréquent nom de lieu, marais.

Tarreau, Tairas, Terras, Terreaux, Terroux, *tärā*, champ du, R., pré du, P., entre les, C., combe des, M. Cr., du mitan (milieu), Cr. Plusieurs de ces graphies sont corrompues; les formes -eau(x) sont françaises.

tärā du lat. terralem le fossé, tranchée, lit d'un ruisseau.

Vevay, *vevę̄*, le, combe derrière, R. (1683 r. r. le biel du vevé), mot éteint. Du lat. vivarium, fr. vivier. Quant au suffixe, je renvoie à -arius, -aria traité dans le vocalisme. Cette étymologie est certaine, quoique le vivier² ait disparu sans laisser de traces; en face de l'all. „Im Weih"" (*ā vvę̄*) pour Weihern, il n'est plus de doute. Ainsi des lieux-dits bilingues s'entr'expliquent souvent.

Virat, *vīrā*, gros gaure, *grǭ gǭr*, C., subst. verbal de *virī*ᵊ, tourner; à l'aide du suffixe -ittu. *gǭr* du lat. gurgem, endroit profond d'une rivière ou d'un ruisseau où l'eau est dormante.

Vivier, *vəvī*ᵊ, au G., lat. vivarium.

*yü*ᵊ, *cǭb d'lä*, G., nom d'un ravin arrosé d'une sale eau.

*yü*ᵊ, le purin, lat. *lūta, lutare > *yüä*.

yüūz, en, G., nom de pré, lat. lutosa, sale.

---

[1] Le canton de Neuchâtel particulièrement offre des dérivés multiples: La Sagne (village), les Seignettes, Seigneret, Seignelet, Saignottes, Seigneule (*saneola), Seignelegier (sanea Leodegarii).

[2] L'on pourrait ajouter qu'au nom d'homme cité par Tr. vol. II, p. XXXIX: Udelardus de Vevay correspond dans Schöpflin: *Alsatia diplm.* I, 239 „Udelardus de *Vivier*".)

d)
Cultures et activité de l'homme.
(1. Habitation et industrie. 2. Cultures. 3. Outils.)

1. Habitation et industrie.

Battout, *bătŭ*, champ du, M. (vers 1700 bettouz), rad. bat + oriu. a) batteur, b) battoir. Il est intéressant de voir que l'on battait anciennement en plein air. Cet usage disparu chez nous s'est maintenu jusqu'à nos jours dans certaines parties de la France (Dauphinée, Meuse, Wallon et Piémont).

Chairtoux, *tšărtŭ*, au (r. r. 1683), Cr., fr. chartier.

tšărbonĭ°r ā făvr, R., lat. carbonaria et lat. fabrum, fr. la charbonnière aux forgerons.

Chargeout, *tšărdžŭ*, le, Cr. C. Nom de prés, lat. caricare + oriu, pr. ainsi dire „chargeoir": lieu où l'on chargeait anciennement le foin et les regain dévalés des hauteurs; on le portait de là à bras jusqu'à la grange ou sur le chemin.

Chatelat, *tšătlă*, neuf, E. L'édifice a disparu, lat. castellittum.

Chaufour, *tšăfǫ̆r*, le, sur le, E., plain de, lat. calcis furnum.

Chételat, *tšătlă*, C., voyez Chatelat.

cū° tšĭ°l plĭĭ°, R., nom de pré, fr. queue chez le pelletier.

Corvans, *corvă*, ès, Cr., lat. corrogata, fr. corvée. Désignait primitivement le travail collectif imposé par le seigneur aux serfs et consistait à réparer et entretenir les chemins, à défricher ou à déboiser les forêts. Aujourd'hui le terme s'applique au travail gratuit dont chaque bourgeois est redevable à sa commune et qui s'effectue en journées d'hommes ou de chevaux.

Forge, *fo^ardž*, clos de la, P., lat. fabrica.

Garde, *dyărd*, la, R. Nom d'une maison placée à l'entrée des gorges Roches-Choindez (allem. Schwendi). L'institution d'une garde militaire à ce défilé remonte au temps de l'alliance de la prévôté Moutier-Grandval avec Berne.

Ecrivain, vers chez G. On appelait ainsi le notaire.

Faibre, *făvr*, clos au. Nom disparu, M., lat. fabrum. L'on dit aujourd'hui *mărtša*, fr. maréchal.

Heutte, *hŏ̆t*, la, sur la, R., de l'all. Hütte, cabane.

Hospital, champ de l', M. (r. r. 1683).

Hôta, *ǭtā*, champ de l', derrière, R., lat. hospitalem. a) la grande cuisine voûtée de la maison bourguigno-jurassienne (cf. Zimmerli I, p. 57). b) la maison (val d. Delémont).

Hostaux, *ǭtā*, fin des, P., voyez Hôta. Cette formation en -*aux* du pluriel est due à l'influence française.

Loge, *lǫdž*, heutte de la, verger de la, R., m. h. all. *laubja*, demeure.

Maisonette, *măžnăt*, la vieille, R.

Maisons, *măžõ*, vers les, G.

Mehyre, *məyĭᵊr*, en, P., mot éteint, nom de pré, lat. molaria.

Moulin, *məyĭ*, vers le, R., champ du, G. Cr., lat. mulinum.

Néjoux, *nắžŭ*, les, haut des, G. (vers 1640 naigou(s)), du v. h. all. *natjan* d'où *natiare > *nắžĭᵊ* + suff. oriu; lieu où l'on étend le chanvre à rouir.[1]

Pavillon, au champ, M.

Places, *pyäs*, neuves, Cr. (r. r. 1683).

Ribe, *rĭb*, la, *lä*, clos de la, Cr., suiss. all. Ribi dér. de *reiben*, tréturer. Maison où l'on foulait le chanvre. A disparu.

Sahoure, la, E. (r. r. 1683), mot éteint, lat. secatoria, fr. scierie, cf. secare > *swäyĭᵊ*, secatorem > *swäyŭ*.

Scie, clos de la, Cr.

s̆ür, *lä*, R., all. *Scheuer*, suisse all. *Schüre*, la grange. Se dit des écuries de montagnes destinées à abriter le bétail.

Vâche, *väǐš*, la, G. M. E., de l'all. *Walke*, suisse all. *Walchi* s. f., fr. la vauche.

Velle, *văl*, clos dos, M. E., développement irrégulier de -illa, lat. villa, dans le sens domaine, et non pas de village.[2]

Verrerie, *vwärĭᵊr*, la, M. R.,[3] lat. *vitraria.

2. Cultures.

(α) champ.   β) forêt.   γ) clôture et chemin.)

α) Le champ.

Abues, *ābŭᵊ*, les, M., mot éteint. Nom d'un finage. Se retrouve ailleurs (Court et Delémont par ex.). Provenance obscure. Godef. connaît un verbe *abuer*, convertir en fumier dont *ābŭᵊ* pourrait être dérivé, comme *bŭᵊ* de *büä*, la lessive, lessiver.

Aimaittennes, *ämätõ̌n* (Amattennes, Amaittennes, Amattines et 1683 r. r. Aymatynes) R. B. G. Cr. C. M. Nom de pâturages ou prés élevés, du m. h. all. *āmāt* + suff. rom. -ina. Encore conservé dans des noms de lieu de la suisse all. p. ex. Ametsmatt, suisse all. *amad, amet, āmąt*, regain.

Bandes, *będ*, les, P., v. h. all. *binda*, le nom vient de la forme allongée des champs.

Beuclaire, *böχä*, pré, C., graphie erronée, verbe dériv. de *böχ* < *bosca, fr. bûche; qui a subi visiblement l'effet du feu (all. *angebrannt*).

Beucle, *böχ*, *ā*, C. (r. r. 1683) même origine que le précédent, fr. le brûlon.

---

[1] Zschr. XV, 244, Meyer-Lübke, Brid. *néza, nézi*, lyon.: *se naiser* se moisir.

[2] Cf. Fustel de Coulanges, Le domaine rural chez les Romains. Revue des deux mondes, 15 septembre 1886, p. 334 et s.

[3] Il ne reste de cette verrerie de Roches jadis célèbre que le nom et quelques pans de mur.

Bochet, *bǫtŝă* et *bǫtŝä*, le, Cr., lat. busc-ittu et -atum, fr. le buisson.

Breulay, sur le, côte de, Cr. E. (1683 dos le breuslay), lat. *brustulatum.

Buisson, *bǫtŝä*, *drīe* (deretro), B., champ du, P.

Caires, *căr*, peu, Cr., lat. quadrum, parcelle de terre.

Carré, *cärä̆*, pré, M., lat. quadratum.

Champ, *tŝę̆*, rière plain, rond, M., qui monte, dessus, du clos, du haut, d'la fin, les, derrière, B., gros, rouges, du crat, les vieux, G., ès gros, courts, neufs, sur la Nant, de travers, rond, de dos, R. M. E. P., lat. campum.

Champat, *tŝę̆pă*, le, B., lat. campittu.

Champois, *tŝę̆pwä*, le, M., sub. verb. de campicare > *tŝę̆pwäyī°*.

Champoz, *tŝę̆pǭ*, le petit, M. P. Nom de village de la paroisse de Bévilard sur le versant sud de Moron, lat. Camponem par dissimilation des voyelles nasales (cf. *mǭrǭ, mǭtǭ, rōmǭ*).

Chaussattes, *tŝāsăt*, ès, M. (1683 r. r.), lat. calcem + itta. Nom de champ.

Chausses, *tŝās*, noires, P., lat. calcea, fr. chausse.

Chaux, *tŝā*, sur, sous, fin sur, M., pâturage de la, B., mot éteint. Origine la plus probable *calmis (cf. Gauchat, Bullet. du Glossaire, 4. année Nr. 1 et 2); fr. *étendue de terrain inculte*, chez nous plutôt, *partie de haut pâturage généralement en pente*. Il faut y rattacher Sonchal, *sotŝă*, lat. summum *calme, C. et Méchal, *mtŝă*, lat. medium *calme, R.

Chavon, *tŝävǭ*, des champs, R., du cerneux, Cr., lat. caponem, bout, confin, extrémité.

Cherteresse, *tŝärträs*, (r. r. 1683), en, Cr. Nom disparu, sub. verb. formé sur *ę̆tŝärtä*, fr. essarter, à l'aide du suff. -icia avec un sens péjoratif et aphérèse de l'initiale. (cf. Ecorcheresse — *ēcrtŝräs* (village), Loveresse — *lǫvräs* (village), de luparia + icia.)

Cilliat, 1683, creux de dos, M., nom disparu, graphie erronée, fr. sillon.

Closelet, *χōzlă*, le, C., lat. clausulittu, petit clos.

Clos, *χǭ*, le, de dos les, derrière les, dos les, R., cras des, c. l'oeuchatte, M., gros, dessus les, neufs, petit, P., du moulin, ès, P., les grands, B., cl. derrière, ès, dessus, dessous, G., de vélie, Cr., du creux, de la montagne, C. E., lat. clausum.

Commnal, *tχəmnă*, pré, M., lat. communalem.

Fadins (1683) aujourd'hui Faudin, M., champs. Mot éteint, peut-être v. fr. *faude*, parc ou ferme de claies principalement à l'usage des brebis.

Fausse (1683), champ de la, M., nom disparu, sans doute fausse graphie pour fosse.

Fenatte, *fnăt*, la, les, G. B., lat. finem + itta, petite fin.

Fin, *fī*, la, f. de là outre, M., de vigneule, entrée, la petite, la grande, de l'épine, haut de la, B., petite, Cr., sur la, E., primitivement „pièce formant limite", puis „portion de terre".

Gerdillats, *džärdita*, les, G., petits jardins, n'est pas indigène, malgré son suffixe, le mot patois est *tχörti*, jardin.

Gerboz (1683), champ, G. Nom disparu, mot éteint, peut-être faut-il lire *gerbou*, lat. garbosu > *džärbŭ, džärbä*, produire des gerbes.

Graichins, *gräšĩ*, C., lat. crassinu, terrain, à terre grasse, ou engraissés.

Jardin, pré du, R. Doit être d'origine récente.

Met, *mä*, au, *ā*, C., mot éteint. Nom d'un finage, s. m. graphie sans doute erronée pour maix, fréquent terme de chancellerie:[1] lat. mansum, métairie, habitation rurale, ferme; provençal *mas*.

Morceau de là, *morslä*, R., pré. Déformation arbitraire, lat. morsu + ellu + ittu.

Nerfs, *nẹ̆ᵈ*, les, haut des, rive des, P., mot éteint, lat. nervum.

Oeuchatte, *ọtšăt*, dos l', les peutes, M., les, B., dim. de *ọ̄tš*.

Oeuches, *ọ̈tš*, (1683 r. r. „oeche" (s)), dos l', clos de l', R. G., ès, dos les, de la combatte, dessus grosses, haut des, M., dessous, B. E.

Les documents latins du moyen âge traduisent par *huchia*, la Suisse romande connaît les formes *oeuches, ouches, houche, oche, osche, (oeuchotte, ouchatte)*, et Godef. donne les variantes: *osche, hosche, ousche, housche, oche, hoche, ouche, houche, heuche, aouche, oiche, oyche, hoische, oisca, oge, oke*. „s. f. jardin fermé de haies, terre labourable et entouré de clôtures, terres, cultures." Au Jura le mot désigne aujourd'hui généralement les jardins potagers, près des maisons, jardins communaux. L'on fait remonter le mot à un b. lat. oca dont l'origine reste à trouver. Ducange (Diez) olca celt.?: terrae portio arabilis fossis vel saepibus undique clausa.

Ordons, *ordǭ*, les, R. M.; s. m. a) portion de terrain inculte démarquée, destinée à être défrichée. b) tâche ordonnée. Le même mot signifie au Ct. de Vaud une ligne d'ouvriers marchant de front (vendangeurs, moissonneurs), lyon. *ordro (ourdo, ourdon)* même sens lorr. *ordon*, portion d'une coupe affouagère (Godef.), dérivé à l'aide du suff. -onem de ordinem.[2]

Paigre, *pägr*, le, M., mot éteint. En Ajoie: parc des pourceaux au pacage, origine?

---

[1] Formule consacrée des lettres d. fiefs du XVIᵉ, XVIIᵉ ou XVIIIᵉ s. — *item avons prêté à savoir un maix, lieu, pourpris, tignement, nommé N. N. en champs, prays, oeuches, courtils, cernis, bois plains, chésaulx, vergers, montagnes, réages, champois, terres arriôles et non arribles* etc. (a. c.).

[2] Ordonnance communale: „*On oblige ensuite les banvoir* (l'all. bannwart, garde champêtre) *d'aller pour faire la visite des ordons pour voir s'ils sont écharté et bruslé et netoyé honnestement en vertus des conditions de la Communauté s'il trouve qu'ils ne sont en bon état ils seront pagable de 4 sols et demi et refaire; à Perrefitte le jour de la St-Martin l'an 1724."

Pâturage, des neufs prés, M., du droit, P.
Pâture, la, P.
Pécas, *pęcā*, les, sous les, E., mot éteint, s. m. Nom de prés qui se retrouve ailleurs, pécal (Val de Delémont, Champoz [comme sobriquet] Franches-Montagnes), lat. pecualem?

Planches, *pyęlš*, des combattes, B., ès, Cr., champs de forme rectangulaire et oblongue, réservés généralement à une plantation spéciale, lat. planica.

Prai là, *prălă*, Cr., lat. pratulittum.

Pré, *prä*, le, gris, le petit, champ du, M., neuf, long, rond, peu, P., rière, B., neufs, ès p. maigre, Cr., franc (exempt de taxes publiques) Cr., lat. pratum.

Quart, *cär*, P., s. m., lat. quartu, parcelle de terre.

Quemines, *tχmə̆n* et *tχmĭn*, voyez „Quemenne".

Quemenne, *tχəmə̆n*, P., champs, du lat. communem, sub. f. par confusion des suffixes -una, -ina.

Querre, *tχęr*, la, G., mot éteint, extrémité d'un pré, donnant accès aux champs où charrue et char ont libre passage.

Quéron, *tχęron*, au, G., dér. du précédent à l'aide de -onem.

Queux, *cū²*, des gros champs, P., lat. coda.

Rangs, *rā*, ès courtes, G., mot éteint, orig. gaul. *rigâ, *rīga. provençal. *rega*, v. fr. *roie* aujourd'hui *raie*; cf. seta > să.

Raye(s), *rā*, la courte, B., longues, M.

Ray, *rā*, le, M. Nom d'une métairie et des terres attenantes, all. *im Rä*, mot éteint (graphie: 1o Rahy vers 1500, 1632 la combe du reey, le biel du ray, 1624 Loys du Ray), sorti du b. lat. reagium, le réage.

Tacon, *täcǭ*, clos du, P. a) terme de cordonnier; pièce de cuir recouvrant un trou. b) pièce de terre. Le mot traduit exactement le suisse all. *plätz*, qui du reste est entré à une époque relativement récente (puisque *bl* s'est conservé) dans le lexique de nos patois, de sorte que *bläts* et *täcǭ*, *blätsä* et *rtäconä* sont aujourd'hui synonimes.

Voirgie, *vwärdži²* (s), de vers midi, plain des, R., de dos, au, C., dos l'village, E., s. m. lat. viridiarium, fr. verger.

β) La forêt.

bębǭ, l', d'*prūz*, M., l', B., le grand, Cr. G. Traduit l'allem. *Bannholz*, bois mis à ban, b. banal d. lat. buscu > *bǭ*, forêt; *prūz* < petrosa.

Billes, *bęl*, combe des, M., fr. billon, d'où le verbe *beyonnä*, rouler parterre (cf. Paniers v. 86).

Coperie, *coprī²*, la vieille, E., lieu déboisé, traduit l'all. *Schlag*, du verbe *copä* avec suff. francien -erie.

Débrisure, la (1683) nom disparu. Est français.

Echert ou Eschert, *ęšę²*, nom de village. 1176 confirmations des possessions de l'église Moutier Grandval — et quartam de ferrofodinis de Eschert etc., de la Nant, vieux, M. B., haut des, G., rière neufs, E., subst. verb. m. de exsertare, *ęχärtä*. La graphie Eschert trahit un scribe allemand, et produit le passage de χ à š dans la prononciation.

ęχēdrīᵊ, M., fr. essert derrière.

Esserures, *ęχərür*, les, R., même origine + suff. francien -*üre*.

Estelles, *ętäl*, plain des, Cr., lat. stella. a) étincelle, b) buchille.

Estray, *ęträ*, plain, G. (r. r. 1683) lisez plain ès trais, cf. Traits.

Nalé, *nalä*, *ā*, M., pré de la montagne. Serait-ce un produit de synérèse de préposition au subst., fr. en allée?

Traits, *trä*, plain des, Cr. G., s. f. lat. trabem, fr. billon.

Tramont, *trāmǫ̃*, P. Nom de forêt, lat. trans montem comme outre mont.

Varennes, *vwärǝ̃n* (ailleurs Voirennes), E., sorte de terre sablonneuse, le fr. garenne. Lieu où l'on parquait les animaux de chasse, la *zwärǝn* étant établi sur un terrain inculte, le mot passe au sens de mauvaise terre. Le mot se rencontre comme nom de lieu et avec conservation de *w* germanique sur tout le territoire de la Suisse romande.

γ) La clôture et le chemin.

Aigeatte, *ä̆dž*, l', Cr., s. f. dim. de *ädž*, petite haie vive.

Aige, *ädž*, combe de l', dos l', dessus la grande, clos sur, Cr. C., s. f. la haie vive.

Aigel (1683 r. r.), clos, semble présenter un dériv. du mot précédent à l'aide du suff. -ella.

Baires, *bär*, ès, C., de l'all. *bare*, fr. barrière.

Barres, *bär*, entre les, M., creux de la, R.; voyez Baires.

Barrière, *bärīᵊr*, champ de la, P.

Charreratte, *tšärᵊrăt*, la, P. Cr. R., lat. carraria + itta, fr. petite charrière.

Charrière, *tšärēr*, champ de la, G. C. (1683 vielle charère), lat. carraria, chemin de montagne, praticable aux chars.

Chasīᵊ, *tšāsīᵊ*, chemin de la, M., fr. la chaussée, lat. *calciata.

Cernetours, aux, E. Le nom n'est plus compris. 1. cĭrcīnum > fr. cerne. 2. tours, nom d'homme, *Tours*, *Turs* suisse all. *Turs*, dim. *Tursli*, de *Sant Ursus* > *Türs* par synérèse; cf. all. *Talbe* < St-Alban (Bâle).

Cerneutat, *sernǝta*, au, B., dim. de cerneux, formé à l'aide de -ittu.

Cerneux, *sernǫ̈*, le, B., petit, G., gros, E., lat. circineolu(?), fr. enceinte.

Cerniatte, *serñăt* (1683 r. r.), pré de la, M.

Cernier, *sərnï°r*, en la, G. (r. r. 1683), lat. circinaria, fr. terrain entouré de clôtures.

Gattre, *gătr*, dos la, dessous, la, R., du suiss. all. *gattr*, barrière à claire-voie tournant sur un pivot, formant clôture d'un champ ou finage quelconque; en usage surtout sur nos pâturages de montagne pour empêcher le bétail de vaguer. A Court on dit *ăn dorädž* ou *doläz*, le français populaire du Jura rend la chose par *clêdar*.

Haie, la, M., est français.

Jatte, *džăt*, sur la, Cr. Un phénomène d'aphérèse rend le mot méconnaissable, il faut lire χü *l'ädžat* voyez Aigeatte.

Murs, sur les, Cr., est français.

Neuf vie, (1683 r. r.), G., nom disparu, lat. novam viam.

Peine, *pẽn*, pont de, M. Nom du pont de pierre traversant la Birse entre Roches et Moutier. J'estime que la graphie et la prononciation actuelle du nom sont dûes à l'étymologie populaire, qui intérrogée sur l'origine de cet appellatif répond „c'est qu'il a coûté beaucoup de peine". Une graphie du XVIIe s. a penne, lat. panna, *păn*, terme de charpentrie, longue poutre (cf. Bridel bois de construction (Bière)). Le pont précédent aurait donc été en bois.

Places, *pyäs*, neuves, Cr.

Pont, *pǫ̃*, de là du, M., clos du, Cr.

Sentier, *sătï°*, champ du, P.

Soit, *swä*, sur la, B., mot éteint, lat. sēpem, fr. la haie.

*T*i°lä*, *sătï° d'lä*, M. Sentier de montagne, de lat. tēgula > *ti°l* + suff. ?

Vie, *vï°*, cras sur, neuve, G., lat. via, chemin.

3. Outils.

Aichelatte, *ẽtšlăt*, pré l', Cr. (r. r. 1683), lat. scala + itta, fr. petite échelle.

Aiguille, *ädyöy*, clos l', M. (r. r. 1683), lat. *acucula.

Antes, *ăt*, champ des, P., cf. Z. f. r. Ph. 29, 529 celt. *camb-ita.

Archenat, *ărtšnă*, l', M., nom de champ, lat. arca > *ărtš*, coffre de bois, destiné à la conservation de la farine ou des graines: + suff. -onem + ittu, le mot est éteint.

Arsattes, *ărsăt*, aux, M. P. Noms de prés, de lat. hirpicem + itta ou plutôt herpex, cf. M.-L. Einf. p. 141, mot éteint, petite herse?

Charuatte, *tšărüăt*, champ, M., dim. de *tšărü°* (-itta).

Charrue, *tšărü°*, la, M., lat. carruca.

Chelatte, la, Cr. Fausse graphie lisez *l'ẽtšlăt*, voyez Aichelatte.

Coulou, *cŭlŭ*, sous le, P. (1683 r. r. Coulloup), lat. colatorium, fr. couloir. a) instrument de laiterie, à travers lequel on fait passer le chaud-lait. b) pente rapide par laquelle on dévale le bois des hauteurs.

41

Crêche, *crę̄tš*, champ de la, M., est fr.

Dozerse, *dǒzęrs*, sous la, M., mot éteint. Nom de Métairie et du finage attenant. Le texte cité en note fait voir que le mot est un composé de *dǫ̃(z)* prépos. (de-post) (?) sous, + herse, fr. (b. lat. arsa).¹

Etriou, *ę̄triyŭ*, fenatte de l', M., du lat. *strigulatorem, fr. petite fin de l'étrilleur.

Faucilles, *fāsę̄y*, plain des, R., crêt des, lat. falcicula.

Faux, *fā*, champ de la, G., lat. falcem.

Grangeattes, *grę̄lžăt* (1683 r. r.), les, G., lat. granea + itta.

Grepon, *grpǭ*, R. Nom de prés rapides, dér. de l'all. *krampon* avec passage de *cr* à *gr*, fr. crampon, crochet de fer qui se fixe aux chaussures; anciennement en usage chez nos faucheurs sur les pentes très inclinées, en usage encore dans les Alpes.

Heurtous, *hö̆rtŭ*, les, G. Nom d'un terrain rapide, s. m. du rad. -urt + suff. -orium, fr. heurtoir. Outil de charretier placé à l'arrière du char pour éviter le recul en arrêt.

Marchat, *märtšă*, au, Cr. Nom de pré, outil de charpentier, petit levier en bois, s. verb. de *märtšī*ᵊ < marcare à l'aide de -ittu, comme *χū*ᵊ*tä*, instrument de charretier, bois qui sert à tendre les chaines du char chargé, de *χū*ᵊ*tä* < substare (souster) appuyer, soutenir.

Menué, *mänvę*, crau de, M., nom presque éteint, lat. *manivellum, terme de maçon, levier.

Palatte, *pălăt*, sur la, lat. pala + itta. a) petite pêle. b) paleron (cf. suisse all. *Schüffeli*).

Ratelat, *rătlă*, champ, R., lat. rastellum + ittu, fr. petit râteau.

rǭdnă, dǫ̃ lä,. R. Nom d'un chemin construit à l'aide de *rǭ* lat. rotundum, bois cylindrique qu'on enfonce dans la terre mouvante pour la consolider. Le nom doit être dérivé d'un verbe disparu *rǭdnä*, dont il présente encore le part. passé au fém. lat. rotundinata.

Ruatte, *rü̆ăt*, la, M., fr. le rouet.

Seut, *sö̀*, clos du, M., mot presque éteint, champ du, rière le (1383 seuc, 1774 seuc a. c.), *sö̀* ne vit plus que pour désigner la poutre médiane du plancher de grange. Les anciennes graphies renvoient à *soccu celt., fr. soc de la charrue.

Tornat, *tornă*, Cr., s. m. de *tornä*, fr. tourniquet.

---

¹ a) Tr. III, No. 50, anno 1306 — annuatim, decem solidos denariorum de pratis dictis dan „Reinier" sitis in maiori monte de Arsa. — b) „Liber vitae" monasterii Grandisvallensis: IV idus Hereonis sociorumque eius Dominus Petrus miles in Rennedorf dedit pro se et...suum dictum pratum Reinier in Monte Herse, octo solidos —.

Treuil, *trōl*, fond du, R. Nom d'un couloir (toutes les anciennes graphies ont treuil), lat. torculum. J'attribue la disparition de la mouillure, ou plutôt de *y*, au fait que le mot comme appellatif se trouve in pausa.

Treyat, *träyă*, pré, M. s. m. dér. à l'aide du suff. -ittu de *trär* < trahere, terme de laiterie, fr. baquet à traire.

e)
Noms de lieu d'origine ecclésiastique.

Abbé, *ăbę̄*, clos l', M., place l', G.

Chapelle, *tšäpäl*, clos la, P., l'édifice a disparu.

tšādĭᵊr dęz afę̄ᵃ, R., cavernes, lat. caldaria et infernum, fr. chaudière des enfers. L'on fait remonter l'origine de ce nom à une ancienne et singulière coutume, qui consistait à précipiter de ces rochers les vieux chevaux plutôt que de les abattre.

Claverie, *χävrĭᵊ*, champ de la. Le nom n'est plus compris. C'était sans doute la maison ou le bureau du *χävĭᵊ*, portier, sacristain, qui avait à percevoir la dîme.[1]

Creuzgang, (1683 r. r.), M. Nom disparu, l'all. *Kreuzgang*, cloître.[2]

Croulz, *crŭ*, de la, Nant. R. Ste. B., champ de, St. M., lat. crucem. Le pays étant protestant, toutes ces croix ont disparu après la réforme.

Sĭ crŭ, B., aujourd'hui disparu, était une annexe du couvent M.-G. (voyez Tr. vol. V, p. 44).

crŭzăt, lă, R., lat. crucitta.

Dame, *däm*, la, M., champ la, G. Le savant Quiquerez pensait qu'il fallait expliquer les nombreux noms de lieu porteurs de ce nom par les superstitions populaires qui se rattachent à *la Dame blanche*, sorte de fée, dont le souvenir n'est en effet pas complètement éteint.[3] Pour nous, cette explication n'est pas valable; ces terres étaient tout simplement des possessions des religieuses de Soleure, que les actes du moyen âge déjà mentionnent par *nos dames de Soleure* ou *notre dame* (l'abesse).

Eglise, rière, M.

Gros coeur, l'oeuche, M.

---

[1] Du Cange, clavarius. L'on trouve dans Tr. à plusieurs reprises des actes signés N. N. clavigero (p. ex. p. 202 anno 1270 Burcardo clavigero).

[2] Ce nom allemand ne doit pas surprendre étant donné l'origine allemande de la majorité des chanoines de Moutier-Grandval. Les derniers pans de murs de l'ancien cloître ont disparu vers 1860; il ne reste qu'un seul témoin de l'ancien monastère, c'est un cercueil de pierre enfoui sous la végétation du petit cimetière de Challière.

[3] *La tante Arie* n'en n'est qu'une variante, voyez *La saint Nikolas dans le Jura*, C. Hornstein, Actes d. l. soc. d'émul. Jurassienne 1889, p. 235 et s.

Maibre coeur, pré, B. (XVᵉ s. mebre cour, 1548 Mabre cueur a. c.) (1308 Maberku), (Merbricur XIVᵉ s.), orig.? une ancienne annexe de M.-G. Nom d'une localité disparue, que le savant historien avait vainement cherché à identifier (cf. Tr. III, 150, serait-ce un village détruit?).

Moines, (1683 r. r.) prés ès. Nom disparu.

Moutier, mō̆tî°, village [1], lat. *monisterium (769 Monasterium Grandis-Vallis), all. Münster.

Prévot, champ, P.

Sise St-Germain. Nom d'une rochette disparue sur laquelle se serait assis St-Germain après avoir frayé selon la légende le chemin à travers les gorges.

f)
Noms de lieu d'origines diverses.

Adieu, en, E. Nom d'une métairie.

Belle-face, bäl-fäs, R. Nom de forêt et de pâturages élevés.

Berdiaie, bērdyä, rière, P. (1821 berdiard, haut de pâturage, fr. beau regard.

Bonté, bō̆tä, clos de la, P.

Condemines,[2] cō̆dmēn, les, M., champs, mot éteint. (1349 Condemènes, 1179 Cundimina Tr.) se retrouve sur tout le territoire de la suisse romande et au de là. Ct. de Vaud: St. Triphon, Salaz, Ollon, Glutinière, Aronge, Senarclens, Echallens et autres, et signifie: pré mis à part, chemin au seigneur, lat. cumdominium, domaine qui va avec celui du Seigneur (?) Le village de Gümmenen (Ct. de Berne) en tire son origine (1259 Contamina, Fontes r. b.). La forme Comblemines (Ct. de Neuchâtel) en est l'étymologie populaire.

Diel, sī°l, a, M., graphie erronée, lat. caelum, ciel.

Droit, drwä, le, forêt, dans tous les villages, lat. directum traduit l'all. Sonn- et Schattseite (envers).

Envers, tous les villages, lat. inversum.

Fief, fī°, champ du, M.

Galgenrain, M., doublet pour les crêts, fr. crêt de la potence.

Gendre, dzēdr, champ au, P., lat. generum.

Jus, dzü, clos la, C., fr. là dessus, lä d'yü.

Lajut, läd̆zü, clos, M., v. Jus, même origine.

Laires, lār, tχäv ā, cave a, G., lat. nom. latro > lār, fr. caverne aux voleurs.

Maire, mär, champ a, M., doz chez le, lat. maior.

---

[1] Voyez Tr. vol. I. La vie de St-Germain, écrite par Bobolène.
[2] Du Cange, Condamina vel Condomina; Narbonensibus condomine, quasi Condominium a jure unius Domini dicta, vel ut alii volunt, quasi campus Domini.

Memin, *məmī*, sur, M. P. Grand'mère.
Mal-marié, *māmäriä*, pré, M. G.
Mauvais, champ du, C. Est français.
Milieu, *mwätä*, champ du, P.
Papon, *päpǭ*, essert, P., cras, E. C., lat. pap + onem, grand-père.
Schibefeld, doublet all. pour clos du Seut, fr. champ des cibles.
Schattedörflimatt, doublet all. pour pré Ste-Catherine.
Schwedeloch, fr. Caverne des Suédois, dans les gorges de Moutier dominant le pont de Peine.[1]
Sous-Fort, champ, M.
Travers, *trävę̄*ᵈ, fin de, M.
Trousseau, *trosę̄*, pré du, M.
Versmont (1683 r. r.), pré, en. Nom disparu, lat. versus montem.
vwärtä, prä di, R., lat. veritatem.
vę̄y, prä d'lä, Cr., lat. *vecla, vieille.

g)
Noms d'origine obscure.

Alité, (1683 Alytthé), aujourd'hui Ste-Catherine, en, M.
Belvays, 1683 r. r., ès champs, Cr.
Bésergit, *bę̄zərdži*, en, sous, G.
Charantennes, *tšärätən*, C., pré.
Chaubrut, *tšäbrü*, G.
Coaras, *cwära*, clos de, C.
Courrents, prés, M. (r. r. 1683).
Courses, clos, M. (1683 r. r.), nom disparu.
Crayeux, *cräö*, dessous, G., pré.
Diepôt, *dīᵊpǭ*, au, a, M., champ.
Dornzeli, im, M., all.
Grémillins, *grəmlī*, pâturages, B. (1624 gremillin, 1480 c. grimillin) peut-être dérivé de *grmä* mâcher des aliments durs.
Hychos, *ixǭ*, clos, Cr. (1683 r. r. Lychos).
Heucherez, (r. r. 1683), terre, G., nom disparu.
Leuchut, *lötšü*, champ, E. Cr. (1683 brues l'euchûs et l'eutschus).
Lioz, *yǭ*, clos ès, M., cras ès champ, Cr.

---

[1] Le souvenir du passage des Suédois pendant la guerre de trente ans n'est du reste pas complètement éteint dans la contrée, voyez *Actes de la soc. jur. d'émulation* 1884, *Journal de Guillaume Tr.* ... publ. et annoté par X. Kohler. Un autre journal manuscrit du XVIIᵉ s. se trouve entre les mains de Mr. pasteur Krieg (Grandval), et contient des renseignements inédits à ce sujet.

Mahon, (r. r. 1683), près, M.
Malischon, (r. r. 1683), montagne de, Cr. (aussi malison), nom disparu.
Menos, *mnọ̄*, prés, E.
Moratte, *morăt*, la, *lä*, M. Nom d'une maison à M.
Novelan, *novelö*, le, B., fausse graphie, prés.
Ouchin, *ūtšĭ*, pré, M. (1673 Houchin, Huochin, 1612 hutschin). L'étym. populaire fait de *prä utšĭ*, pré au chien.
Paiche, *päš*, cornat, C.
Paiperoz, *päprọ̄*, le, G., prés.
Pellus, *plŭ*, les, G., prés.
Revosaine, roche, R., nom disparu (XVIIᵉ s.).
Ricoz, (r. r. 1683), prés, M., probablement un nom d'homme.
Schlueg, *šluᵃg*, le, *ā*, M.
Tschetsch fano, *tšätš fānọ̄*, R. Nom d'une grotte de stalactites presque ignorée. *lä tšätš fānọ̄*.
Värcol, *lä*, R. Nom d'une lisière de forêt.
Varreraye, 1592, (*voyeray*), C. M.
Verguin, *vwärdyĭ*, M. (1544 vergin), pré.
Voirrins, (r. r. 1683), ès champs, Cr.

C.
Conclusion.

1⁰. Pris dans leur ensemble, les noms de lieu des paroisses Moutier et Grandval présentent une image fidèle, quoique incomplète, de la physionomie topographique de la vallée. Leur analyse fournit une contribution documentée à l'histoire rurale, industrielle et économique de la région. Ainsi plusieurs noms de lieu ont conservé le souvenir de cultures, d'industries, de constructions, d'habitudes et de moeurs disparues.

2⁰. Un petit nombre offre encore un état de langue différent et antérieur à celui du parler actuel. Immobilisés dans leur isolement et sortis de la langue vivante, ces appellatifs joueront dans l'histoire de l'évolution des sons le rôle que jouent les pétrifications dans la détermination des couches géologiques du globe. Ils viennent confirmer l'idée toujours plus plausible que les parlers régionaux se sont influencés réciproquement par voie d'assimilation plus fortement qu'on ne le pensait jusqu'ici, et qu'une large partie du vocabulaire de nos patois ne sont que des emprunts. En effet, en face de l'importation incessante de formes et de mots nouveaux supplantant ceux du cru, il y a une permanente tendance d'assimilation qui transforme les nouveaux venus avec un sûr instinct pour l'analogie selon les lois de la phonétique locale.[1] De là l'apparente homogénéité de nos patois.

3⁰. Malgré l'ancienne voie romaine qui reliait autrefois Avenches à Auguste des Rauraques, aucun nom de lieu ne donne à supposer un état de civilisation antérieur à celui qu'ont amené et propagé dès le 8ième siècle les moines Bénédictins (St-Valbert et St-Germain), fondateurs du monastère et couvent dit Moutier-Grandval et de ses annexes successives. Ni la forme ni le nombre des noms de lieu d'origine allemande ne sauraient, en face de la grande majorité d'origine latine, mettre en doute que la langue des premiers colons de la vallée et de leur postérité n'ait été jusqu'à nos jours l'idiome roman.

---

[1] Les idées de l'auteur s'étant modifiées depuis peu sur ce point, il convient de la contradiction qu'il y a entre la manière traditionnelle de formuler les étymologies dans ce travail et les termes de sa conclusion.

4⁰. Considéré dans son état actuel ce dernier présente, comparé aux parlers locaux avoisinants des différenciations notables vers l'Ouest (Sornetan, protestant) et le Sud (Court protestant), mais point vers le Nord (Courrendlin, Rebevillier, Elay, catholiques), ce qui nous porte à croire que le mouvement d'immigration s'est produit du Nord au Sud, c'est-à-dire de Delémont vers Moutier par la vallée de la Birse, et de là dans les deux vallons latéraux de la Raus et de la Challière.

Errata.

p. 1	ligne 30	ethnographe	au lieu de		éthnographe.
p. 3	note 2	chevaline	,,	,, ,,	chevalline.
p. 4	ligne 1	Franches	,,	,, ,,	franches.
p. 4	,,	7 ou	,,	,, ,,	on.
p. 5	,,	6 (protestants)	,,	,, ,,	catholiques.
p. 7	,,	15 lana	,,	,, ,,	ana.
p. 9	,,	17 déroutants	,,	,, ,,	déroutant.
p. 13	,,	31 *cinquanta	,,	,, ,,	*cinquante.
p. 13	,,	34 kanna	,,	,, ,,	canna.
p. 14	note 2	on	,,	,, ,,	ou.
p. 22	,,	4 paysaus	,,	,, ,,	paisans.
p. 28	,,	1 fais	,,	,, ,,	fait.
p. 30	,,	1 XIV, p. 284.	,,	,, ,,	XV.

Druck von Ehrhardt Karras, Halle a. S.

Verlag von **Max Niemeyer** in Halle a. d. S.

Creizenach, Wilhelm, Geschichte des neueren Dramas. Bd. I—III. 1893—1903. 8. geh. ℳ 42,—; gebd. ℳ 45,—
  1. Mittelalter und Frührenaissance. 1893. geh. ℳ 14,—; gebd. ℳ 15,—
  2. Renaissance und Reformation I. 1901. geh. ℳ 14,—; gebd. ℳ 15,—
  3. Renaissance und Reformation II. 1903. geh. ℳ 14,—; gebd. ℳ 15,—

—— Register zu Bd. I—III. Bearbeitet von Paul Otto. 1904. 8. ℳ 3,60

Dittrich, Ottomar, Grundzüge der Sprachpsychologie. Bd. I: Einleitung und allgemeinpsychologische Grundlegung. Mit Bilderatlas. 1904. gr. 8. ℳ 24,—

Ebeling, Georg, Probleme der romanischen Syntax. I. 1905. ℳ 4,40

Freund, Max, Die moralischen Erzählungen Marmontels, eine weit verbreitete Novellensammlung. Ihre Entstehungsgeschichte, Charakteristik und Bibliographie. 1905. gr. 8. ℳ 3,—

Herzog, Eugen, Streitfragen der romanischen Philologie, I. Die Lautgesetzfrage zur französischen Lautgeschichte. 1904. 8. ℳ 3,60

Mennung, Albert, Jean-François Sarasin's Leben und Werke, seine Zeit und Gesellschaft. Kritischer Beitrag zur französischen Literatur und Kulturgeschichte des XVII. Jahrhunderts unter Benutzung ungedruckter Quellen. 2 Bde. 1902—1904. 8. ℳ 26,—

Popovici, Josef. Rumaenische Dialekte. I. Die Dialekte der Munteni und Pădureni im Hunyader Komitat. 1905. kl. 8. ℳ 4,—

Richter, Elise, Ab im Romanischen. 1904. 8. ℳ 3,—

— Zur Entwicklung der romanischen Wortstellung aus der lateinischen. 1903. gr. 8. ℳ 4,40

Saran, Franz, Der Rhythmus des französischen Verses. 1904. gr. 8. ℳ 12,—

Steinweg, Carl, Corneille. Kompositionsstudien zum Cid, Horace, Cinna, Polyeucte. Ein Beitrag zur Geschichte des französischen Dramas. 1905. 8. ℳ 8,—

Voretzsch, Carl, Einführung in das Studium der altfranzösischen Sprache. Zum Selbstunterricht für den Anfänger. 2. Aufl. 1903. 8. geh. ℳ 5,—; geb. ℳ 6,—

— Einführung in das Studium der altfranzösischen Literatur. Im Anschluss an die Einführung in das Studium der altfranzösischen Sprache. 1905. 8. geh. ℳ 9,—; geb. ℳ 10,—

Wechssler, Eduard, Giebt es Lautgesetze? 1900. gr. 8. ℳ 5,—

www.ingramcontent.com/pod-product-compliance
Lightning Source LLC
LaVergne TN
LVHW022145080426
835511LV00008B/1275